Tafelfreuden

Tafelfreuden

MIT EINEM VORWORT VON JOHANN LAFER

FOTOGRAFIE Michael Wissing
REZEPTE Andreas Neubauer
TEXTE Katja Jührend

INHALT

Quarktort
Teig:
250 g Mehl
125 g Butter oder Margar
1 Ei
80 g Zucker
1 Messerspitze Back
Boden mit Mandarinen beleg
Füllung:
500 g Quark
1 Becher Sauerrahm 20 %
1/4 l Milch
125 g Zuck
Minuten bei 180° Grad
4 Eiweiß mit 70 g Zucker stei
iweißguß auf den Kuchen stre
rst nach dem Erkalten den Ku
fel-Torte

VORWORT

Ich habe mich sehr über die Bitte meiner langjährigen Geschäftsfreunde und Partner Michael Wissing und Andreas Neubauer gefreut, ein Grußwort für ihr neuestes Werk »Tafelfreuden« zu schreiben. Vielen Dank, ich fühle mich geehrt!

Ich kenne beide schon sehr lange und habe mit ihnen eine ganze Reihe von erfolgreichen Kochbüchern entwickelt und verfasst.

Michael Wissing dürfte in der ästhetischen Erfassung und der authentischen fotografischen Wiedergabe von Gerichten einer der Besten in dieser Republik sein.

Andreas Neubauer ist ein leidenschaftlicher Koch, der in der Lage ist, klassische Rezepte mit den Methoden und den Möglichkeiten der modernen Küche zu verändern und zu verbessern. Seine kreative Begabung ermöglicht es ihm, neue Rezepte zu entwickeln. Und sein Gefühl für Ästhetik erlaubt es ihm, die Gerichte so zu präsentieren, dass der Leser eine optimale Vorstellung von dem fertigen Gericht bekommt.

Wer ganz besondere Bücher mit außergewöhnlichen Fotos liebt, sich kreative Rezepte wünscht, die dann noch mit höchstem ästhetischem Empfinden und Niveau fotografiert sind, der kommt an diesem Buch nicht vorbei.

Ich wünsche beiden viel Erfolg mit dem neuen Buch und bin sicher, dass es für die Leser eine große Bereicherung sein wird.

Johann Lafer

FRÜHLING

Es gibt wohl kaum eine Farbe, die so häufig besungen wurde wie das Grün. Der Romantiker Novalis zum Beispiel wähnte den »Gott, der uns den Himmel bringt« als einen, der auf »grünen Bergen« geboren wurde. Und Achim von Arnim glaubte, dass jene Stellen, auf denen nachts die Engel getanzt hätten, am Morgen grün glänzten.

Warum wählen Dichter eine so unscheinbare Farbe, um das Allerhöchste zu preisen? Weil Grün die erste Farbe ist, die wir nach dem Winter zu sehen bekommen, die Farbe, die schön ist – einfach, weil sie da ist. Die Farbe, die haltlos optimistisch stimmt und uns auf ihre Weise klarmacht, dass wir es überstanden haben. Grün färbte auch die griechische Göttin Demeter voller Freude die Erde, wenn Persephone, ihre sanfte Tochter, jedes Jahr im Frühling aus der Unterwelt emporstieg, um bei ihrer geliebten Mutter zu sein.

Unsere Mütter färben zwar nicht alles grün, wenn wir nach Hause kommen, aber sie machen uns unser Lieblingsessen. Denn die Tafel ist seit alters her der beste Ort, um etwas zu feiern, was man lange vermisst hat. Und so sehen wir das erste Grün besonders gern auf dem Teller: als Frühlingskräuter und als junge Erbsen, als wilden Spargel, Zucchetti und frische Gurken. Damit es nicht langweilig wird, gesellen sich ganz sachte andere Farben dazu, nicht, um zu stören, nur, um ein bisschen mitzufeiern: Die sanft gelben Zucchiniblüten, der weiße Holunder, der elfenbeinfarbene Zuchtspargel. Und am Ende des Frühlings, als Gruß an den Sommer – wächst unter einem zierlichen Dunkelgrün das erste Rot. Die Erdbeere. Schauen Sie, genießen Sie, freuen Sie sich.

2 junge Ziegenkäse • 1 mittelgroße Salatgurke • Salz Pfeffer • 4 reife Tomaten • 2 EL alter Balsamicoessig 60 g Bärlauch • 1,5 dl Limonenöl Ziegenkäse in Gurkenstreifen mit Tomaten-Bärlauch-Vinaigrette 1. Die Gurke der Länge nach in hauchdünne Scheibenschneiden. 2. Die Ziegenkäse halbieren, salzen u. pfeffern und mit den Gurkenstreifen umwickeln. 3. Tomaten häuten, vierteln, entkernen und in kleine Würfel schneiden. Diese mit Balsamicoessig verrühren und mit Salz, Pfeffer würzen. 4. Bärlauch waschen, trockenschleudern und grob zerkleinern. Anschließend mit dem Olivenöl im Mixer fein prürieren. 5. Umwickelter Ziegenkäse in einer heißen Pfanne mit etwas Olivenöl leicht anbraten, auf vorgewärmte Teller anrichten, Tomaten um den Käse verteilen und mit Bärlauchöl umgießen.

Rezept Seite 144

Grüne Sauce mit Ofenkartoffeln

Rezept Seite 144

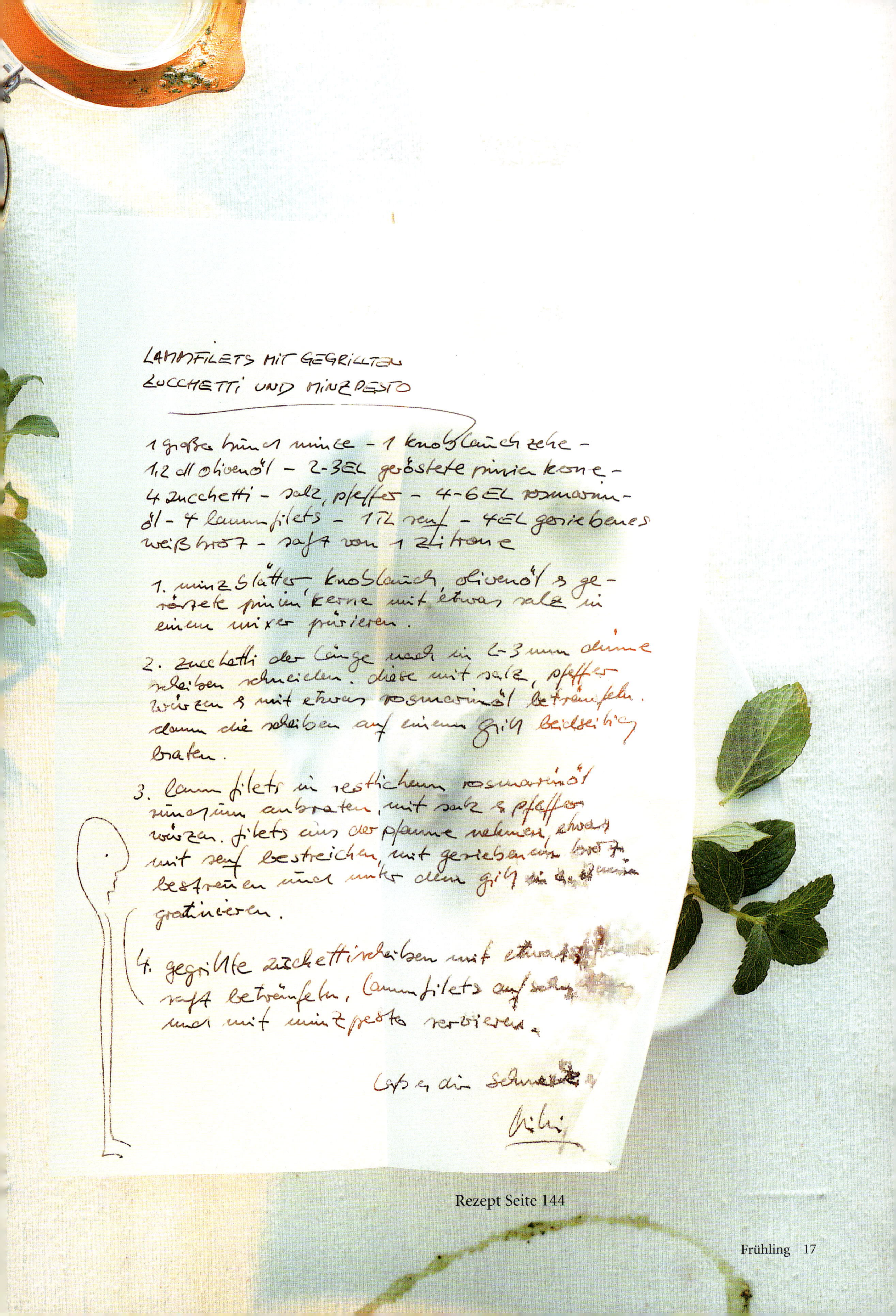

Rezept Seite 144

GEFÜLLTE ZUCCHINIBLÜTEN AUF GURKENNUDELN

Rezept für 4 Portionen

ZUTATEN ◆ 250 g Lachsfilet ohne Haut und Gräten ◆ 120 ml Sahne ◆ Salz, Pfeffer ◆ 50 g Räucherlachs ◆ 4 Zucchiniblüten ◆ 3 El Olivenöl ◆ 50 ml Weißwein ◆ 100 ml Fischfond ◆ 2 Salatgurken ◆ 120 g Joghurt ◆ 50 g Mayonnaise ◆ Saft von 1/2 Zitrone ◆ 1/2 Bund Dill ◆ 1 Kästchen Gartenkresse

ZUBEREITUNG ◆ Das Lachsfleisch würfeln und für ca. 20 Minuten in das Gefrierfach geben. Dann zusammen mit der Sahne in einem Mixer zu einer glatten Farce pürieren. Diese mit Salz und Pfeffer abschmecken. ◆ Räucherlachs fein würfeln und untermischen. Die Farce in einen Spritzbeutel füllen. ◆ Von den Zucchiniblüten vorsichtig den Blütenstempel entfernen. [redacted] ◆ Ofen auf 160 °C vorheizen. Lachsfarce in die Blüten spritzen. Diese vorne zusammendrehen. ◆ Gefüllte Blüten in heißem Olivenöl rundum anbraten. Mit Wein und Fond ablöschen, mit Salz und Pfeffer würzen. Zugedeckt für 12–14 Minuten in den Ofen geben. ◆ In der Zwischenzeit die Gurken schälen und mit einem Sparschäler längliche Streifen abschneiden. ◆ Joghurt, Mayonnaise, Zitronensaft, gezupften Dill und Kresse miteinander verrühren und mit den Gurkenstreifen vermischen. Mit Salz und Pfeffer abschmecken. ◆ Gefüllte Zucchiniblüten aus dem Ofen nehmen und auf den Gurkennudeln anrichten.

Rezept Seite 145

didi danquart regisseur bleichestraße 7 79102 freiburg | breisgau telefon 0761 | 281 608 fax 0761 | 38 36 717
mobil 0171 | 54 79 318
…i.danquart@t-online.de

SPARGELTARTE mit
BASILIKUM & PARMASCHINKEN

250 g mehl – 125 g kalte butter – 1 eigelb –
1,5 dl sahne – 2 eier – salz, pfeffer, muskat –
4 scheiben parmaschinken – 1 großes bund
basilikum – 8 grüne spargelstangen,
vorgekocht – 30 g frisch geriebener parmesan

1. mehl, butter, eigelb & 50 ml wasser mit einer
prise salz zu einem glatten mürbteig kneten
diesen in folien wickeln & für 1 std in den
kühlschrank legen
2. eine eckige tarteform mit etwas butter aus-
pinseln & mit mehl bestäuben. mürbteig auf einer
bemehlten arbeitsfläche dünn ausrollen & die
form damit auslegen den teig mehrmals mit
einer gabel einstechen & im 180°C heißen ofen
ca. 10 min vorbacken
3. sahne & eier miteinander verquirlen & mit
salz, pfeffer, muskat würzen
4. auf den vorgebackenen teigboden den parmaschinken
legen, basilikum darauf verteilen, mit sahne-
guss begießen
spargelstangen nebeneinander auf den guss
legen, mit parmesan bestreut im 180°C
heißen ofen ca. 30 min backen

Rezept Seite 145

Geschmorter Würzspargel

Rezept Seite 146

Rezept Seite 146

Tiramisu-Törtchen mit Erdbeeren

Rezept Seite 147

Gebackene Holunderblüten mit Vanille – Limonen Quark / 5 g frische Hefe / 120 ml Wasser / 80 g Mehl
1 Prise Salz / 1 Prise Zucker / Saft und Schale von 3 Limonen / Mark von 1 Vanilleschote / 60 g Zucker
250 g Quark / frische Holunderblüten / Öl zum Fritieren / Honig / Die zerkleinerte Hefe im Wasser auflösen, Mehl, Salz und Zucker zufügen und alles zu einem glatten Teig verrühren. Die Schüssel mit Folie abdecken und den Teig ca. 4 Std. ruhen lassen / Währenddessen Limonensaft und geriebener Limonenschale mit Vanillemark und Zucker sirupartig einkochen. Etwas abkühlen lassen und mit dem Quark verrühren / Holunderblüten durch den Teig ziehen und in heißem Fritieröl ausbacken. Anschliesend auf Küchenpapier abfetten lassen / Gebackene Holunderblüten mit Honig beträufeln.

Rezept Seite 147

SOMMER

Im Paradies gab es keine Jahreszeiten. Alle Zeit schien dort die Sonne, die Blumen blühten in leuchtenden Farben und an den immergrünen Bäumen und Sträuchern prangten rote, süße Früchte, die zu pflücken keinerlei Mühe machte (– leider, wie wir seit dem Sündenfall wissen). Fleisch gab es natürlich auch keines, der Tod war ja noch unbekannt, dafür aber Milch und Honig.

Dann wurden die Menschen aus dem Paradies vertrieben, und fortan mussten sie für ihre Nahrung hart arbeiten, stets die eigene Sterblichkeit und jene der Natur berechnend, denn die Jahreszeiten kamen auf die Erde. Die Menschen mussten aber nicht nur pflügen, säen, ernten, jagen, fischen und Bienen überlisten – sondern sie mussten das Erbeutete auch haltbar machen, wofür sie dankenswerterweise erst das Feuer, dann die Küche und zum Schluss die Kochbücher erfanden.

Und doch, jedes Jahr im Sommer spüren die Menschen eine kleine Erinnerung an das, was sie verloren haben. Tiefrot leuchten jetzt Kirschen, Himbeeren und Tomaten, sie zu pflücken macht Spaß, nicht Stress, der Duft von Kräutern liegt in der Luft, Melonen wollen nur aufgeschnitten sein, und wer schon einmal an einem Sommerabend im Garten gesessen hat und in aller Ruhe Bohnen geputzt hat, der weiß, wie Friede sich anfühlt. Alles, was wir jetzt auf den Tisch bringen, ist leicht und geht leicht, selbst wenn Fisch oder Fleisch auf dem Plan stehen. Und so erhaschen wir, über einen Moment des Genusses – eine leise Ahnung vom Himmel.

Tomatensalat mit Zitronen-Vanille-Dressing

Rezept Seite 147

Pizza Caprese

Zutaten für 4 Pizzen :

25 g Hefe • 400 g Weizenmehl • 1 Tl Salz • 6 Fleischtomaten • 300 g Büffel-Mozzarella • 2 Knoblauchzehen • 6 El Olivenöl • 3 El Balsamico Bianco • Salz • Pfeffer • Basilikum zum bestreuen •

1.) Hefe in 250 ml lauwarmem Wasser auflösen. Mehl und Salz zufügen, alles zu einem glatten, geschmeidigen Teig kneten. Diesen in 4 gleich große Stücke teilen, jedes zu einer Kugel formen und zugedeckt an einem warmen Ort ca. 1 Stunde aufgehen lassen. 2.) In der Zwischenzeit Tomaten waschen und in Scheiben schneiden. Mozzarella ebenfalls in Scheiben schneiden. Knoblauch schälen, durch eine Presse drücken und mit Olivenöl, Essig, Salz und Pfeffer verquirlen. 3.) Ofen auf 210 C° vorheizen. Die aufgegangenen Teigkugeln auf einer bemehlten Arbeitsfläche zu runden, flachen Fladen ausrollen. Auf ein mit Backpapier belegtes Backblech legen und etwa 10 Minuten im Ofen backen. 4.) Gebackene Pizzafladen aus dem Ofen nehmen, etwas abkühlen lassen, dann Tomaten- und Mozzarellascheiben darauf verteilen, mit Knoblauch-Dressing beträufeln und mit Basilikum bestreut servieren.

Rezept Seite 148

Panini Italiano

3 Artischocken putzen, Heu entfernen. Böden in dünne Spalten schneiden und mit dem Saft von 1 Zitrone beträufeln. 2 Schalotten und 2 Knoblauchzehen schälen, fein würfeln und in 4 El heißem Olivenöl anschwitzen. Artischockenspalten zufügen und bei mittlerer Hitze bissfest garen. 20 Kirschtomaten halbieren, zu den Artischocken geben und weitere 2 Minuten mitbraten. Mit Salz, Pfeffer und Chili würzen. 1 El Honig unterrühren, mit 2 El Balsamico Bianco ablöschen und vom Herd nehmen. 1 langes Chiabattabrot der Länge nach halbieren und unter dem Backofengrill rösten. Mit 4 El schwarzer Olivenpaste bestreichen. 50 g gemischter Salat waschen und mit dem lauwarmen Artischocken-Tomaten-Ragout auf dem gerösteten Brot verteilen und sofort servieren. Buon Appetito !

Rezept Seite 148

Sauerteigbrot zu Melone mit Schinken

Rezept Seite 148

Dorade mit Basilikum

2 Doraden, ca. 800 g kg schwer Salz
Pfeffer 3 Limonen 2 Bund Basilikum
6 Knoblauchzehen ½ Bund Zitronenthymian
1 Eigelb

Doraden innen und außen gründlich waschen, trocken tupfen und mit Salz, Pfeffer würzen. Limonen in Scheiben schneiden, Basilikum abbrausen und trocken schütteln. Ofen auf 200 C° vorheizen. Jede Dorade auf einen großen Bogen Backpapier legen. Auf die Fische die Limonenscheiben, angedrückten Knoblauch, Basilikum und Zitronenthymian verteilen. Die Ränder des Backpapiers mit Eigelb einpinseln und mit je einem zweiten Stück Backpapier in der gleichen Größe belegen. Beide Bögen an den Seitenkanten doppelt miteinender falzen, so dass kein Dampf entweichen kann. Päckchen nebeneinander auf ein Blech legen, in den Ofen schieben und etwa 20-25 Minuten darin schmoren.

Rezept Seite 148

Rezept Seite 149

150 g weiße getr. Bohnen
2 Karotten, 100 g breite Bohnen
100 g kerne Bohnen
100 g Saubohnen
3 dicke Scheiben Speck
250 g Kartoffeln
1 L. Gemüsebrühe
3 Lorbeer
2 El gezupftes Bohnenkraut
50 g. Butter
Salz, Pfeffer
Weiße Bohnen über Nacht in Wasser einweichen
Karotten, Bohnen in Stücke. Speck in große
Stücke schneiden, Kartoffeln je nach Größe
halbieren. Speck cross anbraten. Bohnenkerne,
Lorbeer, Karottenscheiben in die Brühe geben.
Kartoffeln, gezupftes Bohnenkraut mit Brühe
auffüllen. 10 Minuten, mittlere e. Rest-
liche Bohnen dazu, 10-15 Minuten kochen
Butter nussbraun unter den Eintopf, kräftig
Salz + Pfeffer

Bohneneintopf mit Speck

Rezept Seite 149

Lammkaree mit Olivenkruste, Bohnen-Salat und Rosmarin-Kartoffeln

Zutaten für den Bohnen-Salat :

50 g weiße getrocknete Bohnen • 150 g breite Stangenbohnen • 100 g Keniabohnen • 100 g gelbe Bohnen • 100 g Saubohnenkerne • 2 Schalotten • 2 Knoblauchzehen • 8 Kirschtomaten • 4 El Olivenöl • 1/2 Bund Bohnenkraut

1.) Getrocknete Bohnenkerne über Nacht in Wasser einweichen. Am nächsten Tag die Kerne in kochendem Salzwasser weich garen. Anschließend abgießen. Stangenbohnen, Keniabohnen und gelbe Bohnen putzen und in Stücke schneiden. Diese zusammen mit geschälten Saubohnenkernen in kochendem Salzwasser bissfest blanchieren, dann in Eiswasser abschrecken.
2.) Schalotten und Knoblauch schälen und fein würfeln, zusammen mit Kirschtomaten in heißem Olivenöl kurz andünsten. Das Ganze mit Balsamico Bianco ablöschen und zu den vorbereiteten Bohnen in eine Schüssel geben.
3.) Bohnenkraut von den Stilen zupfen und hacken. Zusammen mit Senf und restlichem Olivenöl zu den Bohnen geben, gut durchmischen und den Salat mit Salz, Pfeffer abschmecken. Einige Minuten durchziehen lassen.

Zutaten für das Lammmkaree mit Olivenkruste ;

2 Zweige glatte Petersilie • 1 Salbeizweig • 1 Rosmarinzweig • 3 Scheiben Toastbrot • 50 g weiche Butter • 2 El schwarzes Olivenpüree • 2 Lammkarees á 400 g • Salz, Pfeffer • 3 El Olivenöl

1.) Kräuter abbrausen, trocken schütteln Blätter abzupfen. Toast würfeln und mit den Kräutern im Mixer fein mahlen. Butter mit Olivenpüree glatt rühren, Kräuterbrösel untermischen.
2.) Ofen auf 160 C° vorheizen. Lammkaree mit Salz, Pfeffer würzen und in heißem Öl anbraten. Dann für etwa 10 Minuten in den Ofen schieben. Anschließend mit Olivenkrustenmasse bestreichen und unter dem Backofengrill gratinieren.

Dazu den Bohnen-Salat und gebratene, mit Rosmarin verfeinerte Kartoffeln servieren.

Rezept Seite 150

Rezept Seite 150

Eingelegte schwarze Nüsse

Rezept Seite 151

HERBST

Der Herbst ist eine unterschätzte Zeit. Für viele bedeutet er wenig mehr als das Ende des Sommers oder den Anfang des Winters. Man beklagt sich, schon fast rituell, über die viel zu frühen Weihnachtssüßigkeiten in den Geschäften und den viel zu rauen Wind, der einen morgens, auf dem Weg zur Arbeit, hinterrücks angefallen und daran erinnert hat, welch elementare Sinnhaftigkeit dem Begriff der Übergangsjacke innewohnt.

Dabei möchten wir die These wagen, dass der Herbst weit mehr ist als der Übergang zwischen zwei charakterstarken Jahreszeiten, er ist die schönste Zeit überhaupt. Der Herbst fordert nichts von uns, keine Aufbruchstimmung, keine Urlaubspläne, keine zwanghaften Freiluftaktivitäten, kein angestrengtes Hoffen auf längere, wärmere Tage und versprochenes Glück.

»Hin ist die Zeit der Schwärmerei, so schätzt nun endlich das Reelle!« schrieb Theodor Storm. Und das tun wir: Dem Herbst nämlich begegnen wir ohne Erwartungen – und bekommen deshalb unendlich viel von ihm geschenkt: Die Farben der Bäume, die letzten verschwenderisch blühenden Rosen, Frühnebel auf noch immer grünen Wiesen, weiches Licht – und vor allem: die Märkte, die jetzt überquellen von überreifem Obst, Beeren, Trauben, von Gemüse, Pilzen, Kräutern, frischem Wild, kernigen Kartoffeln und frischen zarten Nüssen. Und der kleinen Wehmut, die sich vielleicht an einem verregneten Septemberabend einschleicht, begegnen wir mit unserem ganz eigenen Erntedankfest, mit verschwenderischem Genuss, der nur in diesem Augenblick möglich ist.
Voilà: die Rezepte dafür.

Kürbis-Kokos-Suppe

500 g Kürbis (Hokaido) - 2 Schalotten
20 g Ingwer - 1 kleine rote Chilischote
2-3 El Olivenöl - 1 El Curry
500 ml Gemüsebrühe - 400 ml Kokosmilch
Salz - Pfeffer - Koriander zum garnieren
Rosa Pfeffer zum bestreuen

1.) Kürbis entkernen und würfeln.
Schalotten und Ingwer schälen
und in dünne Scheiben schneiden.
Chili halbieren, Kerne herauskratzen,
Schote in Streifen schneiden.
2.) Alles zusammen 2-3 Minuten
in heißem Olivenöl anschwitzen. Mit Curry bestäuben
und eine weitere Minute anschwitzen.
Dann mit Brühe und Kokosmilch aufgießen
und 25 Minuten bei mittlerer Hitze köcheln lassen.
3.) Kürbis-Kokos-Suppe fein pürieren
und mit Salz, Pfeffer abschmecken.
Mit frischem Koriander
und Rosa Pfeffer bestreut servieren.

Rezept Seite 151

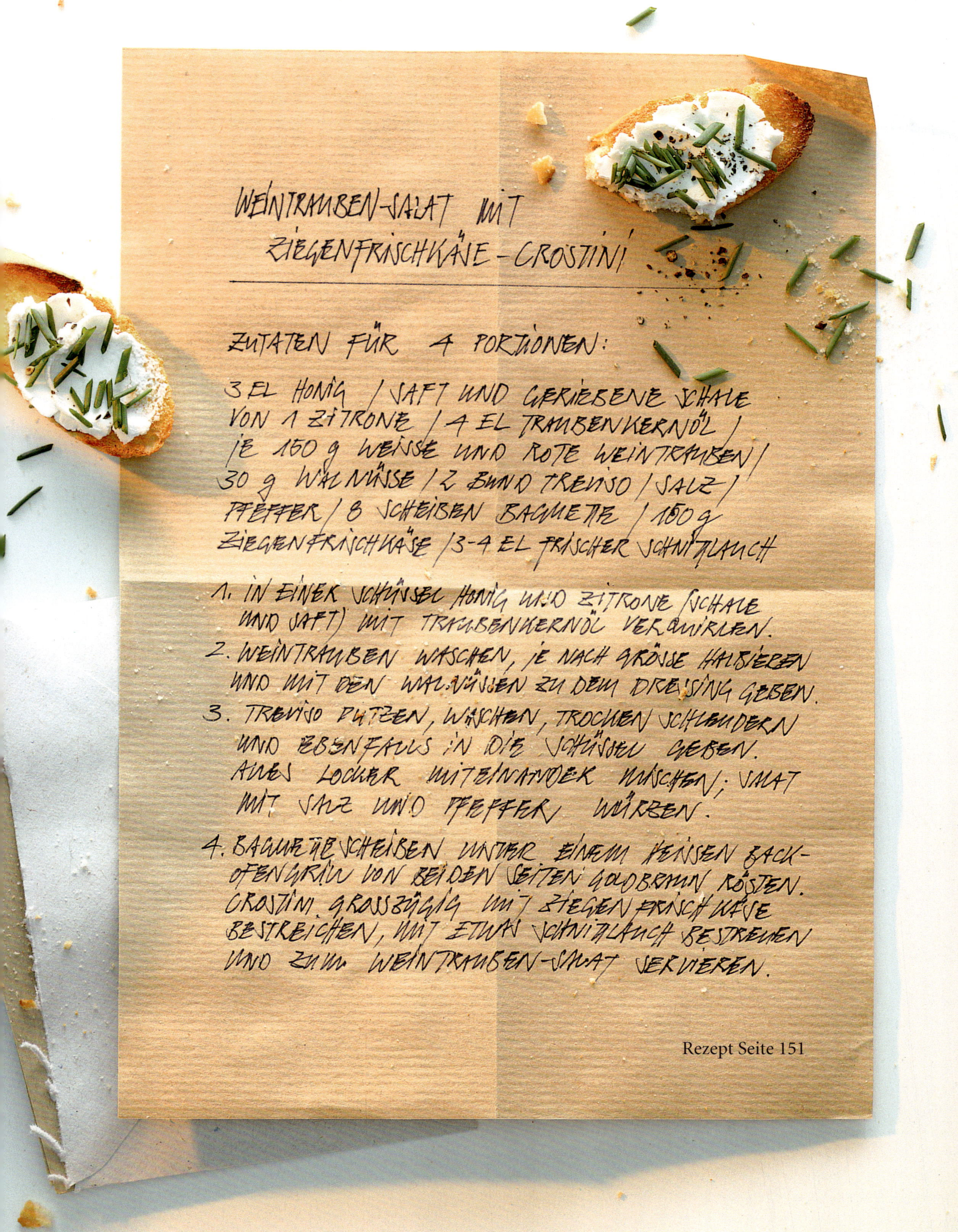

WEINTRAUBEN-SALAT MIT ZIEGENFRISCHKÄSE-CROSTINI

ZUTATEN FÜR 4 PORTIONEN:

3 EL HONIG / SAFT UND GERIEBENE SCHALE VON 1 ZITRONE / 4 EL TRAUBENKERNÖL / JE 150 g WEISSE UND ROTE WEINTRAUBEN / 30 g WALNÜSSE / 2 BUND TREVISO / SALZ / PFEFFER / 8 SCHEIBEN BAGUETTE / 150 g ZIEGENFRISCHKÄSE / 3-4 EL FRISCHER SCHNITTLAUCH

1. IN EINER SCHÜSSEL HONIG UND ZITRONE (SCHALE UND SAFT) MIT TRAUBENKERNÖL VERQUIRLEN.
2. WEINTRAUBEN WASCHEN, JE NACH GRÖSSE HALBIEREN UND MIT DEN WALNÜSSEN ZU DEM DRESSING GEBEN.
3. TREVISO PUTZEN, WASCHEN, TROCKEN SCHLEUDERN UND EBENFALLS IN DIE SCHÜSSEL GEBEN. ALLES LOCKER MITEINANDER MISCHEN; SALAT MIT SALZ UND PFEFFER WÜRZEN.
4. BAGUETTESCHEIBEN UNTER EINEM HEISSEN BACKOFENGRILL VON BEIDEN SEITEN GOLDBRAUN RÖSTEN. CROSTINI GROSSZÜGIG MIT ZIEGENFRISCHKÄSE BESTREICHEN, MIT ETWAS SCHNITTLAUCH BESTREUEN UND ZUM WEINTRAUBEN-SALAT SERVIEREN.

Rezept Seite 151

HOTEL DU LOUVRE
PARIS

Hirschrücken im Nussmantel mit Orangen-Honig-Feigen und Rotkraut

Zutaten für 4 Portionen:

6 Feigen
250 ml frisch gepresster Orangensaft
1 El Honig
½ Rotkohl
3 El Balsamico-Essig
2 El Rapsöl
4 El Walnussöl
2 El Preiselbeeren aus dem Glas
Salz, Pfeffer
600 g Rehrückenfilet, ohne Haut und Sehnen
Mehl zum wenden
2 Eier
150 g fein gehackte gemischte Nüsse (Mandeln, Wal- und Haselnüsse)
2 El Butterschmalz

1.) Feigen schälen und in ein Einmachglas geben. Orangensaft mit Honig aufkochen und über die Feigen in das Einmachglas gießen. Glas verschließen, Feigen im Sud über Nacht durchziehen lassen.
2.) Vom Rotkohl den Strunk entfer... ...eifen schneiden. Rotkraut mit Essig und den beiden Ö... ...ffer abschmecken und durchziehen lassen.
3.) Ofen auf 150 C° vorhei... ...hl wenden, dann durch verquirltes Ei ... ...dum in heißem Butterschmalz schar... ...ben.
4.) Orangen-Honig-Sud... ...tücke schneiden, mit Rotkraut und ha... ...Sud über Feigen und Kraut träufeln.

Liebe Claudia,
ich bring die Zutaten am Sonntag mit
Mehl hast du ja, oder?
Sudi

Rezept Seite 152

Lauwarmer Gnocchisalat mit Tomaten-Pfifferling-Vinaigrette

220 g mehlig kochende Kartoffeln , 300 g Ricotta , 150 g Mehl , 2 Eier Salz/Pfeffer/Muskat, 2 Knoblauchzehen , 2 El Rotweinessig , 3 El Balsamicoessig , 1 Tl Senf , Zucker , 250 ml Olivenöl , 200 g Dosentomaten , 2 El gehackte Petersilie , 2-3 El Mineralwasser , 4 Scheiben Speck , 200 g Pfifferlinge , 2 Thymian- und 1 Rosmarinzweig, 30 g Butter , 50 g Parmesan

1.) Kartoffeln kochen, schälen und noch warm zusammen mit dem Ricotta durch eine Kartoffelpresse drücken. Mehl und Ei dazugeben. Mit Salz,Pfeffer und Muskat würzen und alles zu einem glatten Teig verkneten. 2 cm große Kugeln formen und mit einer Gabel flachdrücken. 2.) Gnocchi in leicht köchelndem Salzwasser ca. 6 min. garen. Sobald sie an die Oberfläche steigen herausnehmen, abschrecken und abtropfen lassen. 3.) Knoblauch schälen, durch eine Presse drücken und mit Essig, Senf, Salz, Pfeffer und etwas Zucker verrühren. 200 ml des Olivenöls darunter schlagen.Tomaten abtropfen lassen, feinhacken und zusammen mit Petersilie und Mineralwasser in die Vinaigrette einrühren. 4.) Den Ofen auf 200 C° vorheizen. Speckscheiben in eine große Pfanne legen, mit Backpapier bedecken und einem passenden Topf beschweren. Den Speck so im Ofen 10-15 min. braten. 5.) Pfifferlinge sorgfältig putzen, in 2 El heißem Olivenöl kurz braten, dann in die Vinaigrette geben. 6.) Gnocchi in restlichem Olivenöl zusammen mit den Kräutern anbraten, dann die Butter unterschwenken. 7.) Gnocchi mit der Vinaigrette anrichten, Parmesan fein darüber hobeln und mit Speckscheiben garnieren.

Rezept Seite 152

Semmel-Aprikosen-Knödel mit Pilzragout

Rezept Seite 153

Apfeltarte

Rezept Seite 153

Breite Birnen
Saft 1 Zitrone
150 g Ziegenfrisch
50 g Walnüsse
100 g Butter
50 g Speck
1 EL Rosmarin
2 EL Walnussöel
1 EL Balsamico
Bianco

Gefüllte Ziegenfrischkäse-Birnen mit Walnuss-Speck-Butter

Rezept Seite 154

Rezept Seite 154

Zwetschgen Buttermilch Eis

100 gr entsteinte Zwetschgen mit 50 gr. Zucker und 2 EL rotem Portwein zugedeckt in ca. 10 min. weich kochen. Anschließend pürieren und auskühlen lassen. 2 Eigelbe mit 60 gr. Zucker schaumig rühren, 100 ml Buttermilch sowie das Zwetschgenpüree hinzufügen und mit 1/2 TL Zimt und 100 ml geschlagenes Sahne verfeinern. Die Masse nun in einer Eismaschine cremig fest gefrieren lassen.

Kartoffeltascherl mit Zwetschgenmus

300 gr. mehlige Kartoffel garen, schälen und anschließend durch eine Presse drücken. Etwas auskühlen lassen. 1 Eigelb und 50 gr. Kartoffelstärke, 25 gr. weiche Butter sowie eine Prise Salz unter die Kartoffel arbeiten und zu einem glatten Teig kneten. Den Teig ca. 2 mm dünn ausrollen, Kreise ausstechen und darauf je 1 TL Zwetschgenmus geben. Den Rand der Kreise mit etwas Eigelb bepinseln und zu Halbmonde zusammenklappen. Die Tascherl in leicht siedendes Salzwasser ca. 10 min garen. Herausnehmen und in Butter-Brösel-Schmelze wälzen.

Rezepte Seite 154

Quittengelee und Holunderbeerengelee

Rezepte Seite 155

WINTER

Es stünde vielleicht in unserer Macht, Ihnen von verschneiten bayerischen Bergdörfern vorzuschwärmen, von schneebedeckten Kirchtürmen, von warm erleuchteten Wirtshäusern und dem Bratenduft, der einen schon in die Gaststube zieht, noch bevor die Brillengläser wieder klar geworden sind. Oder von dem großen Glücksgefühl, das sich einstellt, wenn man verfroren von einem Spaziergang nach Hause kommt, eine schöne Musik anstellt, eingemummelt in eine warme Decke den »Zauberberg« liest und dazu heiße Maroni aus dem Ofen isst.

Aber brauchen wir wirklich alle diese Nebendarsteller, den Schnee, die Luft, die Stille, die Türme und den Jahrhundertroman, um uns im Winter wohl zu fühlen? Brauchen wir die kleinen Fluchten nach Gran Canaria oder nach Oberstdorf, in die Sauna oder ins Shoppingcenter, um das zu vergessen, was sich draußen unter dem reichlich geschönten Oberbegriff Schneeregen abspielt?

Nein. Was wir wirklich brauchen, ist eine Küche und eine Tafel. Und den Mut, in aller Ruhe Produkte zu Köstlichkeiten zu verarbeiten, von denen wir sonst dachten, sie gehörten zum Leben der anderen. JETZT gehören sie uns. Denn jetzt gibt es die aromatischen Trüffeln. Jetzt gibt es die besten Austern, wirklich reife Zitrusfrüchte und ganz frischen Fisch. Kaufen Sie, probieren Sie, Sie werden verstehen, was wir meinen. Und wenn Ihr Auto im Feierabendstau stecken geblieben ist und die Heizung gestreikt hat, dann brauchen Sie keine Wellnessmassage, dann brauchen Sie Wildschweinbratwurst, Backhähnchen und Flammkuchen. Und die Worte von Georg Trakl: »Wanderer tritt still herein, Schmerz versteinerte die Schwelle, Da erglänzt in reiner Helle, auf dem Tische Brot und Wein.« Guten Appetit.

FINANCIAL TIMES MONDAY JUNE 18 2001
& FINANCE INTERNATIONAL
NEWS DIGEST
MICROCONNECTORS
Framat
By Robert Anderson

Rezept Seite 155

Knusprige Poularde aus dem Ofen

Rezept Seite 156

Crostini

Brotscheiben unter dem vorgeheizten Backofengrill von beiden Seiten goldbraun rösten.

Mit getrüffeltem Rührei

12 Scheiben Baguettebrot • 3 Eier • 50 ml Sahne • 3 El Trüffelöl • Salz • Pfeffer • 50 g Butter • 1 kleiner, weißer Trüffel

Eier mit Sahne und Öl verquirlen. Mit Salz, Pfeffer würzen. • Butter in einer beschichteten Pfanne bei mittlerer Hitze zergehen lassen, Eier eingießen, unter ständigem Rühren stocken lassen. • Das Rührei, sollte eine cremige Konsistenz haben. Mit gehobeltem weißen Trüffel servieren.

Mit Gänseleber

150 g rohe Gänsestopfleber • 4 Scheiben Graubrot Meersalz • Pfeffer aus der Mühle

Gänsestopfleber von Haut und Sehnen befreien. Für 2 Std. in das Gefrierfach legen. • Aus dem Graubrot 12 runde Taler ausstechen. • Die angefrorene Gänseleber mit einem Hobel in feine Späne hobeln. Auf die lauwarmen Taler verteilen, mit Meersalz und gemahlenem Pfeffer würzen.

Mit Avocadocreme und Chorizo

12 Scheiben Baguettebrot • 1 reife Avocado • 3 El Olivenöl • Saft von 1 Zitrone • 1 El gehackter Koriander • 2 El Tomatenwürfel • Salz • Pfeffer • 12 hauchdünne Scheiben Chorizowust

Avocado halbieren, Kern entfernen. Fruchtfleisch aus der Schale nehmen, feinhacken • Olivenöl, Zitronensaft, Koriander und Tomatenwürfel zufügen und vermischen. Mit Salz, Pfeffer abschmecken. • Avocadocreme auf die Crostini geben, mit je einer Scheibe Chorizowurst belegen.

Rezepte Seite 157

Mit Tomate und Basilikum

12 Scheiben Baguettebrot • 1 Schalotte • 2 Knoblauchzehen • 6 El Olivenöl • 16 Kirschtomaten, geviertelt • Salz, Pfeffer • 2 Zweige Basilikum • 1 El alter Balsamico

Schalotten, Knoblauch schälen, feinwürfeln. In 2 El heißem Olivenöl anschwitzen. Tomatenviertel zufügen, mitdünsten. Mit Salz, Pfeffer würzen. • Basilikumblätter abzupfen, in feine Streifen schneiden und unterheben. Ragout auf die Crostini verteilen. • Restliches Olivenöl mit Balsamico verquirlen und über die Crostini träufeln.

Mit Taleggio und Feigensenf

12 dünne Scheiben Baguettebrot • 3 Feigen • 200 g Taleggio • 60 g Feigensenf

Feigen waschen, trockentupfen, in 12 Scheiben teilen, auf die gerösteten Crostini legen. • Taleggio in 12 Stücke schneiden, auf die Feigen legen. • Crostini unter den Backofengrill geben. Beginnt der Käse zu schmelzen, Crostini aus dem Ofen nehmen. • Je einen Klecks Feigensenf auf den Käse geben.

Mit Kaninchenleber

12 Scheiben Baguettebrot •1 Schalotte • 50 g Butter •1 Knoblauchzehe • 3 Kaninchenleber, feingehackt • 50 ml Kalbsjus • 3-4 El alter Balsamico • 1 El gehackter Majoran •1 El gehackter Salbei • Salz • Pfeffer

Schalotten und Knoblauch schälen, feinwürfeln, in heißem Öl anschwitzen. • Gehackte Leber zufügen und mitbraten. Kalbsjus und Balsamico zugeben, bei reduzierter Hitze fast vollständig einkochen lassen. Pfanne vom Herd nehmen, Butter und Kräuter unterrühren. Mit Salz, Pfeffer abschmecken. Mit frittierten Salbeiblättern garnieren.

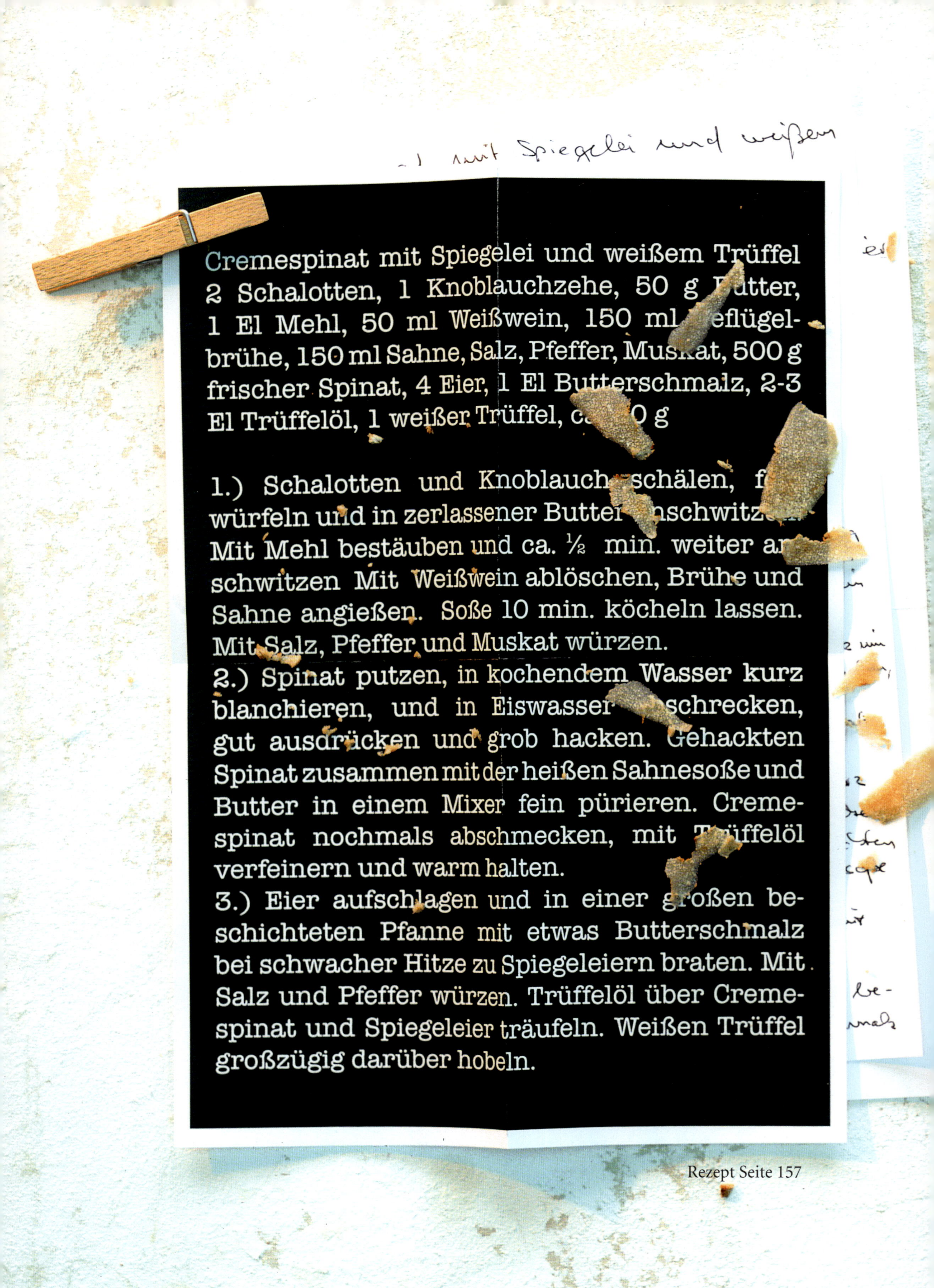

Cremespinat mit Spiegelei und weißem Trüffel

2 Schalotten, 1 Knoblauchzehe, 50 g Butter, 1 El Mehl, 50 ml Weißwein, 150 ml Geflügelbrühe, 150 ml Sahne, Salz, Pfeffer, Muskat, 500 g frischer Spinat, 4 Eier, 1 El Butterschmalz, 2-3 El Trüffelöl, 1 weißer Trüffel, ca. [illegible]0 g

1.) Schalotten und Knoblauch schälen, fein würfeln und in zerlassener Butter anschwitzen. Mit Mehl bestäuben und ca. ½ min. weiter anschwitzen Mit Weißwein ablöschen, Brühe und Sahne angießen. Soße 10 min. köcheln lassen. Mit Salz, Pfeffer und Muskat würzen.

2.) Spinat putzen, in kochendem Wasser kurz blanchieren, und in Eiswasser abschrecken, gut ausdrücken und grob hacken. Gehackten Spinat zusammen mit der heißen Sahnesoße und Butter in einem Mixer fein pürieren. Cremespinat nochmals abschmecken, mit Trüffelöl verfeinern und warm halten.

3.) Eier aufschlagen und in einer großen beschichteten Pfanne mit etwas Butterschmalz bei schwacher Hitze zu Spiegeleiern braten. Mit Salz und Pfeffer würzen. Trüffelöl über Cremespinat und Spiegeleier träufeln. Weißen Trüffel großzügig darüber hobeln.

Rezept Seite 157

FINANCIAL TIMES MONDAY JUNE 18 2001
Offshore Funds, Insurances & Others

Salat von Treviso und Mandarinen mit Oktopus und Jakobsmuscheln

Rezept Seite 158

FINANCIAL TIMES MONDAY JUNE 18 2001
NEW YORK STOCK EXCHANGE
IRANIAN CAVIAR
MALOSSOL
Netto - NET WEIGHT : 1000 g.
Lagerung - KEEP COOL + 3° C.

Blumenkohl-Kartoffel-Blini mit Kaviar

Rezept Seite 158

Zutaten für 4 Portionen : 2 Zwiebeln 2
200 g große Muschelnudeln 1
1.) Zwiebeln und Knoblauch schälen, fein würfeln und in 2 El heiß
etwa 5 Minuten garen. Anschließend die Muscheln abschütten, Sud
2.) Muschelfleisch aus den Schalen lösen. Karotten und Lauch in
3.) Gewürfeltes Gemüse in restlichem Olivenöl anschwitzen, mit rest
Zitronensaft abschmecken und mit etwas Butter verfeinern.

Rezept Seite 158

Wildschwein-Bratwurst mit Maronen

Rezept Seite 159

Gewürzorangen

Rezept Seite 159

Ziegenkäse in Gurkenstreifen mit Tomaten-Bärlauch-Vinaigrette

(FOTO SEITE 12 /13)

ZUTATEN FÜR 4 PERSONEN

1 mittelgroße Salatgurke
2 junge Ziegenkäse (à ca. 80 g)
Salz | Pfeffer
4 reife Tomaten
2 EL alter Aceto balsamico
60 g Bärlauch
150 ml Limonenöl
2 EL Olivenöl zum Braten

ZUBEREITUNG: 45 MIN.
PRO PORTION CA. 545 KCAL

1 Die Gurke waschen und der Länge nach mit dem Sparschäler oder auf dem Gemüsehobel in hauchdünne Scheiben schneiden. Die Ziegenkäse halbieren, salzen und pfeffern und mit den Gurkenstreifen umwickeln.

2 Die Stielansätze der Tomaten entfernen. Die Tomaten kurz überbrühen, häuten, vierteln, entkernen und in kleine Würfel schneiden. Die Tomaten mit Salz und Pfeffer würzen und den Essig unterrühren. Den Bärlauch waschen, trocken schleudern und grob zerkleinern. Mit dem Limonenöl in den Mixer geben und fein pürieren.

3 Etwas Olivenöl in einer Pfanne erhitzen, den umwickelten Ziegenkäse darin bei mittlerer Hitze von beiden Seiten braten, bis der Käse beginnt zu schmelzen. Auf vorgewärmten Tellern anrichten, die Tomatenwürfel um den Käse verteilen und mit dem Bärlauchöl umgießen.

Grüne Sauce mit Ofenkartoffeln

(FOTO SEITE 14 /15)
ZUBEREITUNG: 45 MIN.
GAREN: 30 MIN.
PRO PORTION CA. 645 KCAL

ZUTATEN FÜR 4 PERSONEN

100 g gemischte Kräuter (z. B. Petersilie, Kerbel, Estragon, Schnittlauch, Kresse, Pimpinelle, Dill, Sauerampfer)
200 g Crème fraîche
4 EL Mayonnaise (aus dem Glas)
1 TL Senf
Salz | Cayennepfeffer
Saft von 1/2 Zitrone
1 kg kleine festkochende Kartoffeln
2 Knoblauchzehen
2 Zweige Rosmarin
3 Zweige Thymian
3–4 EL Olivenöl
Pfeffer
6 hart gekochte Eier
Kräuterblätter zum Garnieren (nach Belieben)

1 Die Kräuter waschen und trocken schütteln, die Blätter abzupfen. Zwei Drittel davon mit Crème fraîche, Mayonnaise und Senf im Mixer fein pürieren. Die Creme mit Salz, Cayennepfeffer und Zitronensaft abschmecken. Restliche Kräuter fein hacken und unter die Sauce rühren. Die Sauce kalt stellen.

2 Den Backofen auf 200° vorheizen. Die Kartoffeln in Salzwasser aufkochen und 10 Min. kochen lassen, dann herausnehmen und halbieren. Den Knoblauch schälen und fein hacken. Rosmarin und Thymian waschen und trocken schütteln, die Nadeln und Blätter abzupfen. Knoblauch und Kräuter mit Olivenöl in eine Schüssel geben. Die Kartoffelhälften zufügen, mit Salz und Pfeffer würzen. Alles gut durchmischen und auf einem Backblech verteilen. Die Kartoffeln im Backofen (Mitte, Umluft 180°) in etwa 30 Min. goldbraun backen.

3 Die Eier pellen und in Achtel schneiden. Die Eier mit der Sauce und den Kartoffeln auf Teller verteilen und nach Belieben mit einigen Kräuterblättern garnieren.

Lammfilets mit gegrillten Zucchetti und Minzepesto

(FOTO SEITE 16 /17)

ZUTATEN FÜR 4 PERSONEN

2–3 EL Pinienkerne
1 großes Bund Minze
1 Knoblauchzehe
Salz | Pfeffer
120 ml Olivenöl
4 kleine Zucchini (Zucchetti)
4–6 EL Rosmarinöl
4 Lammfilets (à ca. 50 g)
1 TL Senf
4 EL geriebenes Weißbrot
1 Zitrone

ZUBEREITUNG: 45 MIN.
PRO PORTION CA. 550 KCAL

1 Für das Pesto die Pinienkerne in einer kleinen Pfanne ohne Fett goldbraun rösten. Die Minze waschen und trocken schütteln, die Blätter abzupfen und in einen Mixer geben. Den Knoblauch schälen. Mit Pinienkernen, Salz, Pfeffer und Olivenöl ebenfalls in den Mixer geben und alles fein pürieren.

2 Die Zucchini waschen, putzen und der Länge nach in 2–3 mm dünne Scheiben schneiden. Die Scheiben beidseitig mit Salz und Pfeffer würzen und mit ca. 4 EL Rosmarinöl beträufeln. Die Zucchinischeiben unter dem Backofengrill auf beiden Seiten 1–2 Min. grillen.

3 Das übrige Rosmarinöl in einer Pfanne erhitzen, die Lammfilets darin rundum anbraten. Mit Salz und Pfeffer würzen. Die Filets aus der Pfanne nehmen und mit dem Senf bestreichen. Mit dem geriebenen Weißbrot bestreuen und unter dem Backofengrill in ca. 1 Min. goldbraun gratinieren.

4 Den Saft der Zitrone auspressen. Die Zucchinischeiben damit beträufeln und auf Teller verteilen. Die Filets schräg in Stücke schneiden, zwischen den Zucchinischeiben anrichten und mit Pesto beträufeln.

Gefüllte Zucchiniblüten auf Gurkennudeln

(FOTO SEITE 20/21)

ZUTATEN FÜR 4 PERSONEN

250 g Lachsfilet (ohne Haut und Gräten)
50 g Räucherlachs
120 g Sahne
Salz | Pfeffer
4 Zucchiniblüten
3 EL Olivenöl
50 ml Weißwein
100 ml Fischfond (aus dem Glas)
2 Salatgurken
½ Zitrone
120 g Joghurt
50 g Mayonnaise (aus dem Glas)
½ Bund Dill
1 Kästchen Gartenkresse

ZUBEREITUNG: 1 STD. | GEFRIEREN: 30 MIN.
PRO PORTION CA. 465 KCAL

1 Das Lachsfilet waschen, trocken tupfen, in kleine Würfel schneiden und die Lachswürfel ca. 30 Min. ins Tiefkühlfach stellen. Inzwischen den Räucherlachs ganz fein würfeln. Die angefrorenen Lachswürfel mit der Sahne im Mixer zu einer glatten Farce pürieren. Die Masse mit Salz und Pfeffer würzen. Die Räucherlachswürfel untermischen.

2 Den Backofen auf 160° (Umluft 140°) vorheizen. Von den Zucchiniblüten vorsichtig die Blütenstempel entfernen. Die Lachsmasse in einen Spritzbeutel mit großer Lochtülle füllen und in die Blüten spritzen. Die Blütenöffnung zusammendrehen. Das Olivenöl in einem Bräter erhitzen, die gefüllten Blüten dazugeben und rundum 2–3 Min. anbraten. Mit Wein und Fond ablöschen, mit Salz und Pfeffer würzen. Zugedeckt im Backofen (Mitte) in 12–14 Min. garen.

3 Inzwischen für die Gurkennudeln die Gurken schälen und mit einem Sparschäler der Länge nach in Streifen abschneiden. Den Saft der Zitronenhälfte auspressen. Mit Joghurt und Mayonnaise verrühren. Den Dill waschen und trocken schütteln, die Dillspitzen abzupfen. Die Kresse vom Beet schneiden und mit Dillspitzen unter die Joghurt-Mayonnaise rühren. Die Gurkenstreifen untermischen, salzen und pfeffern und auf Teller verteilen. Die Zucchiniblüten aus dem Backofen nehmen und auf den Gurkennudeln anrichten.

Spargeltarte mit Basilikum und Parmaschinken

(FOTO SEITE 24/25)

ZUTATEN FÜR 4 PERSONEN

250 g Mehl
1 Eigelb
Salz
125 g kalte Butter
8 Stangen grüner Spargel
(ca. 250 g)
150 g Sahne
2 Eier
Pfeffer
frisch geriebene Muskatnuss
1 großes Bund Basilikum
4 Scheiben Parmaschinken
30 g frisch geriebener Parmesan
Butter für die Form
etwas Mehl für die Form und die Arbeitsfläche

ZUBEREITUNG: 1 STD. | KÜHLEN: 1 STD. | BACKEN: 40 MIN.
PRO PORTION CA. 720 KCAL

1 Das Mehl auf eine Arbeitsfläche geben und in die Mitte eine Mulde drücken. Das Eigelb, Salz und 50 ml Wasser in die Mulde geben. Die Butter in Stückchen darauf verteilen und alles rasch zu einem glatten Mürbeteig verkneten. In Klarsichtfolie wickeln und 1 Std. in den Kühlschrank legen.

2 Inzwischen den Spargel waschen, putzen und die Enden abschneiden. Salzwasser aufkochen lassen und den Spargel darin 4 Min. kochen. Herausnehmen und abtropfen lassen. Den Backofen auf 180° (Umluft 160°) vorheizen. Eine ofenfeste rechteckige Form (ca. 15 x 22 cm) mit etwas Butter einfetten und wenig Mehl bestäuben.

3 Den Teig auf einer bemehlten Arbeitsfläche dünn ausrollen, in die Form legen, mehrmals mit einer Gabel einstechen und im Backofen (Mitte) 10 Min. backen. Inzwischen die Sahne mit den Eiern verquirlen, mit Salz, Pfeffer und Muskat würzen. Das Basilikum waschen, trocken schütteln und die Blätter abzupfen.

4 Die Form aus dem Backofen nehmen. Den Teigboden mit dem Parmaschinken belegen, das Basilikum darauf verteilen und die Sahne-Eier-Mischung darübergießen. Die Spargelstangen darauf verteilen und mit Parmesan bestreuen. Im Backofen (Mitte) ca. 30 Min. backen.

Geschmorter Würzspargel

(FOTO SEITE 26 /27)

ZUTATEN FÜR 4 PERSONEN

24 Stangen weißer Spargel (ca. 800 g)
1 Bio-Orange
1 Bio-Zitrone
2 EL Olivenöl
1 Vanilleschote
ca. 30 g frischer Ingwer
1 rote Chilischote
Salz | Pfeffer
1–2 TL Zucker
100 ml Gemüsebrühe
150 ml frisch gepresster Orangensaft
3 Stängel Estragon
3 Stängel Koriandergrün
75 g kalte Butter

ZUBEREITUNG: 45 MIN. | SCHMOREN: 30 MIN.
PRO PORTION CA. 265 KCAL

1 Den Spargel waschen, putzen und die Enden abschneiden. Die Orange und Zitrone heiß waschen, abtrocknen und in Scheiben schneiden. Das Olivenöl in einem Bräter erhitzen und den Spargel darin kurz anbraten. Inzwischen die Vanilleschote längs aufschneiden. Den Ingwer schälen und in Scheiben schneiden. Die Chilischote halbieren, putzen und waschen. Den Backofen auf 200° vorheizen.

2 Den Spargel mit Salz und Pfeffer würzen. Den Zucker darüberstreuen und leicht karamellisieren lassen. Dann mit Brühe und Orangensaft ablöschen. Vanilleschote, Ingwer, Chilihälften, Orangen- und Zitronenscheiben darauf verteilen und den Spargel zugedeckt im Backofen (Mitte, Umluft 180°) 25–30 Min. schmoren lassen.

3 Die Kräuter waschen und trocken schütteln, die Blätter abzupfen. Mit der kalten Butter unter den Spargel mischen. Den Spargel nochmals mit Salz und Pfeffer abschmecken.

Schaumsuppe von jungen Erbsen mit Flusskrebsen und Zander

ZUTATEN FÜR 4 PERSONEN

2 Schalotten
2 Knoblauchzehen
70 g Butter
50 ml weißer Portwein
100 ml Weißwein
3/4 l Hühnerbrühe
250 g Sahne
100 g Zuckerschoten
5 EL Olivenöl
12 Flusskrebsschwänze (küchenfertig, ohne Schale und Darm)
Saft und abgeriebene Schale von 1 Bio-Limone
Salz | Pfeffer | Zucker
400 g Zanderfilet (mit Haut, ohne Gräten)
Saft von 1 Zitrone
Mehl zum Wenden
2 Zweige Thymian
1 Zweig Rosmarin
250 g frische ausgepalte Erbsen
2 EL geschlagene Sahne
Pfefferminzblätter zum Bestreuen

(FOTO SEITE 30 /31)
ZUBEREITUNG: 1 STD.
PRO PORTION CA. 710 KCAL

1 Schalotten und Knoblauch schälen. Schalotten und 1 Knoblauchzehe fein würfeln. Übrigen Knoblauch leicht andrücken. 20 g Butter erhitzen, bis sie schäumt. Schalotten- und Knoblauchwürfel darin glasig dünsten. Mit Port- und Weißwein ablöschen, dann mit Brühe und Sahne auffüllen. Die Suppe bei mittlerer Hitze auf die Hälfte einkochen lassen.

2 Inzwischen die Zuckerschoten waschen und die Enden abknipsen. 3 EL Olivenöl erhitzen, die Zuckerschoten darin 2–3 Min. andünsten. Flusskrebse dazugeben und 1 Min. mitdünsten. Limonensaft und –schale dazugeben, alles mit Salz, Pfeffer und etwas Zucker abschmecken.

3 Das Zanderfilet waschen, mit Küchenpapier trocken tupfen und in 4 Stücke teilen. Die Zanderstücke mit Zitronensaft beträufeln, mit Salz und Pfeffer würzen, dann in Mehl wenden. 2 EL Olivenöl in einer beschichteten Pfanne erhitzen, den Fisch darin mit der Hautseite nach unten, mit den Kräuterzweigen und dem übrigen Knoblauch etwa 5 Min. braten. Die Fischstücke wenden und auf der anderen Seite 1 Min. braten.

4 Die Erbsen in die heiße Suppe geben und 2–3 Min. mitkochen lassen. Die Suppe beiseitestellen und mit dem Pürierstab fein pürieren. Die Suppe durch ein feines Sieb passieren, mit Salz und Pfeffer abschmecken. 50 g Butter und Schlagsahne zufügen und alles schaumig aufmixen.

5 Zum Servieren die Flusskrebse und Zuckerschoten auf tiefe Teller verteilen, die schaumige Suppe darübergeben. Die gebratenen Zanderstücke darauf anrichten und mit Pfefferminzblättern bestreut servieren.

Tiramisu-Törtchen mit Erdbeeren

(FOTO SEITE 34 /35)
ZUBEREITUNG: 45 MIN.
PRO PORTION CA. 290 KCAL

ZUTATEN FÜR 8 TÖRTCHEN
2 Eier
1 Vanilleschote
75 g Zucker
Saft und in Streifen geschnittene Schale von 1 Bio-Limone
150 g Mascarpone
1 Prise Salz
3 EL kalter Espresso
3 EL Orangenlikör (z. B. Grand Marnier)
8 kleine Biskuit-Torteletts (Fertigprodukt)
500 g Erdbeeren
50 g Pinienkerne
Basilikumblätter zum Bestreuen
Puderzucker zum Bestäuben

1 Die Eier trennen. Die Vanilleschote längs aufschneiden und das Mark herauskratzen. Die Eigelbe mit Zucker, Limonensaft und Vanillemark in einer Schüssel über dem heißen Wasserbad schaumig schlagen. Die Schüssel vom Wasserbad nehmen und den Mascarpone unterrühren.

2 Die Eiweiße mit dem Salz steif schlagen und den Eischnee behutsam unter die Eier-Mascarpone-Masse heben. Die Creme 30 Min. kühl stellen.

3 Inzwischen den Espresso mit dem Likör verrühren, die Biskuit-Torteletts damit beträufeln. Die Erdbeeren waschen, putzen und je nach Größe halbieren oder vierteln. Die Pinienkerne in einer kleinen Pfanne ohne Fett goldbraun rösten und abkühlen lassen.

4 Je 1 EL Mascarponecreme auf die Törtchen geben. Erdbeeren, Pinienkerne und die Limonenschale in Streifen auf der Creme verteilen. Die Basilikumblätter grob zerzupfen. Die Törtchen damit bestreuen und mit Puderzucker bestäuben.

Gebackene Holunderblüten mit Vanille-Limonen-Quark

(FOTO SEITE 38 /39)
ZUTATEN FÜR 4 – 6 PERSONEN
5 g frische Hefe
80 g Mehl
1 Prise Salz
1 Prise + 60 g Zucker
1 Vanilleschote
Saft und Schale von 2 Bio-Limonen
250 g Sahnequark
12 – 16 Dolden Holunderblüten
2 – 3 EL Honig
400 ml Öl zum Frittieren

ZUBEREITUNG: 40 MIN.
RUHEN: 4 STD.
PRO PORTION CA. 250 KCAL

1 Die Hefe in 120 ml Wasser bröckeln und darin auflösen. Mehl, Salz und 1 Prise Zucker hinzufügen und alles zu einem glatten Teig verrühren. Den Teig mit Klarsichtfolie abdecken und ca. 4 Std. ruhen lassen.

2 Die Vanilleschote längs aufschneiden und das Mark herauskratzen. Mit Limonensaft und -schale und 60 g Zucker in 6 – 8 Min. sirupartig einkochen lassen. Den Sirup abkühlen lassen, mit dem Quark verrühren.

3 Das Öl erhitzen. Die Holunderblüten portionsweise durch den Teig ziehen und im heißen Öl goldbraun ausbacken. Herausnehmen und auf Küchenpapier abtropfen lassen. Die Holunderblüten anrichten, mit Honig beträufeln. Den Quark extra dazu reichen.

Tomatensalat mit Zitronen-Vanille-Dressing und Fetakäse

(FOTO SEITE 44 /45)
ZUTATEN FÜR 4 PERSONEN
2 Vanilleschoten
Saft und in Streifen geschnittene Schale von 2 Bio-Zitronen
3 EL Zucker | 6 EL Olivenöl
Salz | Pfeffer
10 – 12 reife Tomaten (in unterschiedlicher Größe, Farbe und Form)
50 g Pinienkerne | 150 g Fetakäse
grob gehacktes Basilikum zum Bestreuen

ZUBEREITUNG: 30 MIN.
PRO PORTION CA. 390 KCAL

1 Die Vanilleschoten längs aufschneiden und das Mark herauskratzen. Zitronensaft und -schale in Streifen zusammen mit dem Zucker und Vanillemark in einen Topf geben und bei mittlerer Hitze um etwa ein Drittel sirupartig einkochen lassen. Den Sirup mit Olivenöl verquirlen. Das Dressing mit Salz und Pfeffer abschmecken.

2 Die Tomaten waschen und die Stielansätze entfernen. Die Tomaten in dünne Scheiben schneiden und auf einer großen Platte oder auf Tellern anrichten. Die Pinienkerne in einer Pfanne ohne Fett goldbraun rösten und abkühlen lassen.

3 Das Zitronen-Vanille-Dressing über die Tomatenscheiben träufeln. Den Fetakäse darüberbröckeln. Den Salat mit Pinienkernen und Basilikum bestreuen.

Pizza Caprese

(FOTO SEITE 46/47)

ZUTATEN FÜR 4 PIZZEN

25 g frische Hefe
400 g Mehl
Salz
6 Fleischtomaten
300 g Büffel-Mozzarella
2 Knoblauchzehen
6 EL Olivenöl
3 EL weißer Aceto balsamico
Pfeffer
Basilikumblätter zum Bestreuen
Mehl für die Arbeitsfläche
Backpapier für das Backblech

ZUBEREITUNG: 30 MIN.
RUHEN: 1 STD.
BACKEN: 10 MIN.
PRO PORTION CA. 700 KCAL

1 Die Hefe in ¼ l lauwarmes Wasser bröckeln und darin auflösen. Mehl und 1 TL Salz zufügen und alles zu einem glatten geschmeidigen Teig kneten. Den Teig in vier gleich große Stücke teilen, jedes Stück zu einer Kugel formen und zugedeckt an einem warmen Ort ca. 1 Std. gehen lassen.

2 Inzwischen die Tomaten waschen, die Stielansätze entfernen und die Tomaten in Scheiben schneiden. Den Mozzarella in Scheiben schneiden. Den Knoblauch schälen, durch eine Presse drücken und mit Olivenöl, Essig, Salz und Pfeffer verquirlen.

3 Den Backofen auf 210° (Umluft 200°) vorheizen. Das Backblech mit Backpapier auslegen. Die Teigkugeln auf einer bemehlten Arbeitsfläche zu runden, flachen Fladen ausrollen und auf das Blech legen. Im Backofen (Mitte) 10 Min. backen. Die Fladen herausnehmen und etwas abkühlen lassen. Die Tomaten- und Mozzarellascheiben darauf verteilen. Mit Knoblauch-Dressing beträufeln und mit Basilikumblätter belegen.

Panini italiano

ZUTATEN FÜR 4 PERSONEN

3 Artischocken | 1 Zitrone
2 Schalotten
2 Knoblauchzehen
20 Kirschtomaten
4 EL Olivenöl
Salz | Pfeffer
frisch gemahlener Chili
1 EL Honig
2 EL weißer Aceto balsamico
50 g gemischter Salat
1 langes Ciabattabrot (ca. 500 g)
4 EL schwarze Olivenpaste
(Fertigprodukt)

(FOTO SEITE 48/49)
ZUBEREITUNG: 45 MIN.
PRO PORTION CA. 500 KCAL

1 Die Artischocken waschen. Die Stiele abbrechen, die oberen zwei Drittel der Blütenblätter mit einem Messer abschneiden, die restlichen rund um den Blütenboden mit dem Messer entfernen, das Heu herauslösen und die Böden in dünne Spalten schneiden. Den Saft der Zitrone auspressen und die Artischockenspalten damit beträufeln.

2 Schalotten und Knoblauch schälen, beides fein würfeln. Die Kirschtomaten waschen und halbieren. Das Olivenöl erhitzen, Schalotten und Knoblauch darin glasig anschwitzen. Die Artischockenspalten hinzufügen und bei mittlerer Hitze in 4–5 Min. bissfest garen. Die Tomatenhälften dazugeben und ca. 2 Min. mitbraten. Mit Salz, Pfeffer und Chili würzen. Den Honig dazugeben und unterrühren. Mit Essig ablöschen und die Mischung vom Herd nehmen. Den Backofengrill vorheizen.

3 Salat putzen, waschen und trocken schleudern. Ciabattabrot der Länge nach halbieren und die Hälften unter dem heißen Backofengrill 2–3 Min. rösten. Herausnehmen und mit der Olivenpaste bestreichen. Salat und das Artischocken-Tomaten-Ragout auf dem gerösteten Brot verteilen. Sofort servieren.

Sauerteigbrot zu Melone mit Schinken

(FOTO SEITE 50/51)

ZUTATEN FÜR CA. 4 BROTE

1 Würfel Hefe (42 g)
150 g Sauerteig
(aus dem Reformhaus)
1 EL Ahornsirup
1 kg Mehl
1 EL Salz
Mehl für die Arbeitsfläche

ZUBEREITUNG: 15 MIN.
RUHEN: 2 STD. 30 MIN.
BACKEN: 40 MIN.
PRO BROT CA. 915 KCAL

1 Die Hefe in ½ l kaltes Wasser bröckeln und darin auflösen. Den Sauerteig und den Ahornsirup unter die Mischung rühren. Das Mehl in eine Schüssel geben, die aufgelöste Hefe zufügen und mit dem Salz zu einem glatten Teig verkneten. Den Sauerteig zugedeckt an einem warmen Ort 2 Std. gehen lassen.

2 Den Teig auf einer bemehlten Arbeitsfläche nochmals kneten, dann in vier gleich große Stücke teilen, diese zu Brotlaiben formen. Die Brotlaibe zugedeckt 30 Min. gehen lassen.

3 Den Backofen auf 250° vorheizen. Die Brotlaibe im Backofen (Mitte, Umluft 230°) 10 Min. backen, dann die Hitze auf 200° (Umluft 180°) reduzieren und die Brote in 20–30 Min. fertig backen.

Dorade mit Basilikum und Limonen

(FOTO SEITE 52/53)

ZUTATEN FÜR 4 PERSONEN

2 Doraden (à ca. 400 g)
Salz | Pfeffer
3 Bio-Limonen
2 Bund Basilikum
½ Bund Zitronenthymian
6 Knoblauchzehen
1 Eigelb
Backpapier

ZUBEREITUNG: 45 MIN.
GAREN: 25 MIN.
PRO PORTION CA. 140 KCAL

1 Die Doraden innen und außen gründlich waschen, mit Küchenpapier trocken tupfen und mit Salz und Pfeffer würzen. Die Limonen heiß waschen, abtrocknen und in Scheiben schneiden. Basilikum und Zitronenthymian waschen und trocken schütteln. Den Knoblauch schälen und leicht zerdrücken.

2 Den Backofen auf 200° vorheizen. Je 1 Dorade auf jeweils einen großen Bogen Backpapier legen. Mit Limonenscheiben belegen. Knoblauch, Basilikum und Zitronenthymian darauf verteilen.

3 Das Eigelb verquirlen. Die Ränder des Backpapiers damit einpinseln und mit je einem zweiten Stück Backpapier in der gleichen Größe belegen. Die beiden Bögen an den Seitenkanten doppelt falzen, sodass der Dampf nicht entweichen kann. Die Päckchen nebeneinander auf ein Backblech legen. Die Doraden im Backofen (Mitte, Umluft 180°) in 20–25 Min. garen.

Gebackene Sardinen mit Estragonmarinade

(FOTO SEITE 54/55)

ZUTATEN FÜR 4 PERSONEN

3 rote Zwiebeln
4 EL Olivenöl
1 EL Zucker
50 ml weißer Aceto balsamico
150 ml Weißwein
150 ml Gemüsebrühe
50 g Pinienkerne
40 g Rosinen
16 ausgenommene frische Sardinen
ca. 75 g Mehl zum Wenden
150 ml Öl zum Ausbacken
Salz | Pfeffer
5–6 Zweige Estragon

ZUBEREITUNG: 45 MIN.
PRO PORTION CA. 480 KCAL

1 Die Zwiebeln schälen, halbieren und in feine Streifen schneiden. Das Olivenöl erhitzen, die Zwiebelstreifen darin glasig anschwitzen. Den Zucker dazugeben und unter Rühren schmelzen lassen.

2 Mit Essig und Weißwein ablöschen, die Gemüsebrühe dazugießen und alles auf ein Drittel einkochen lassen. Inzwischen die Pinienkerne in einer kleinen Pfanne ohne Fett goldbraun rösten. Rosinen und Pinienkerne zur Marinade geben und alles abkühlen lassen.

3 Inzwischen die Sardinen gründlich waschen und mit Küchenpapier trocken tupfen. Das Mehl auf einen Teller geben und die Sardinen darin wenden. Öl erhitzen und die Sardinen darin portionsweise in 4–6 Min. ausbacken. Die Sardinen herausnehmen und auf Küchenpapier abtropfen lassen. Mit Salz und Pfeffer würzen.

4 Den Estragon waschen und trocken schütteln, die Blätter abzupfen und grob hacken. Den Estragon unter die Marinade mischen. Die Marinade über die Sardinen gießen. Die Sardinen mit Baguette servieren.

Bohneneintopf mit Speck

(FOTO SEITE 58/59)

ZUTATEN FÜR 4 PERSONEN

150 g getrocknete weiße Bohnen
2 Möhren
100 g breite Stangenbohnen
100 g Keniabohnen
3 dicke Scheiben Speck
250 g kleine festkochende Kartoffeln
2 EL Olivenöl
2 EL abgezupftes Bohnenkraut
1 l Hühnerbrühe
3 Lorbeerblätter
100 g Saubohnenkerne
50 g Butter
Salz | Pfeffer

ZUBEREITUNG: 45 MIN. | EINWEICHEN: ÜBER NACHT
PRO PORTION CA. 460 KCAL

1 Die weißen Bohnen in eine Schüssel mit Wasser geben und über Nacht einweichen.

2 Am nächsten Tag die Möhren, Stangen- und Keniabohnen waschen, putzen bzw. schälen und in mundgerechte Stücke schneiden. Den Speck in dicke Streifen schneiden. Die Kartoffeln schälen und je nach Größe halbieren.

3 Das Öl in einem Topf erhitzen, den Speck darin in 2–3 Min. kross anbraten. Kartoffeln und Bohnenkraut zufügen und die Brühe dazugießen. Die weißen Bohnen mit Lorbeerblättern und Möhren in die Brühe geben. Alles aufkochen und bei mittlerer Hitze 10 Min. köcheln lassen. Die Stangen- und Keniabohnen und Saubohnenkerne zufügen und die Suppe weitere 10–15 Min. kochen lassen.

4 Die Butter in einem Topf zerlassen, bis sie hellbraun ist und am Ende der Garzeit unter den Eintopf mischen. Den Eintopf kräftig mit Salz und Pfeffer abschmecken.

Lammkarree mit Olivenkruste und Bohnensalat

(FOTO SEITE 60/61)

Lammkaree mit Olivenkruste

ZUTATEN FÜR 4 PERSONEN
2 Stängel glatte Petersilie
1 Stängel Salbei
1 Zweig Rosmarin
3 Scheiben Toastbrot
50 g weiche Butter
2 EL schwarze Olivenpaste (Fertigprodukt)
2 Lammkarees (à ca. 400 g)
Salz | Pfeffer
3 EL Olivenöl

ZUBEREITUNG: 45 MIN.
PRO PORTION CA. 305 KCAL

1 Die Kräuter waschen und trocken schütteln, die Blätter und die Rosmarinnadeln abzupfen und in einen Mixer geben. Das Toastbrot in Würfel schneiden, zu den Kräutern in den Mixer geben und alles fein pürieren. Die Butter mit der Olivenpaste glatt verrühren. Die Kräuter-Brösel-Mischung unterrühren.

2 Den Backofen auf 160° (Umluft 140°) vorheizen. Das Fleisch mit Salz und Pfeffer würzen. Olivenöl in einem Bräter erhitzen, das Fleisch darin von allen Seiten anbraten. Im Backofen (Mitte) 10 Min. braten. Das Fleisch herausnehmen und die Oberfläche mit der Kräuter-Oliven-Mischung bestreichen. Den Backofengrill dazuschalten und das Fleisch unter dem Grill 5 Min. gratinieren.

Dazu Bohnensalat (siehe nächstes Rezept) und gebratene Rosmarinkartoffeln servieren.

Bohnensalat

ZUTATEN FÜR 4 PERSONEN
50 g getrocknete weiße Bohnen
Salz
150 g breite Stangenbohnen
100 g Keniabohnen
100 g gelbe Bohnen
100 g Saubohnenkerne
2 Schalotten
2 Knoblauchzehen
8 Kirschtomaten
4 EL Olivenöl
2 EL weißer Aceto balsamico
½ Bund Bohnenkraut
1 TL Senf
Pfeffer

ZUBEREITUNG: 40 MIN. | EINWEICHEN: ÜBER NACHT
PRO PORTION CA 245 KCAL

1 Die getrockneten Bohnen in einer Schüssel mit Wasser über Nacht einweichen. Am nächsten Tag die Bohnen in kochendem Salzwasser in ca. 20 Min. weich garen. In ein Sieb abgießen und abtropfen lassen. Inzwischen die Stangen-, Kenia- und gelben Bohnen waschen, putzen und in Stücke schneiden. Mit geschälten Saubohnenkernen in kochendem Salzwasser 6–8 Min. blanchieren, bis sie bissfest sind. Die Bohnen herausnehmen, in Eiswasser abschrecken, abtropfen lassen und in eine Schüssel geben.

2 Schalotten und Knoblauch schälen, beides fein würfeln. Die Kirschtomaten waschen. 2 EL Olivenöl erhitzen, Schalotten, Knoblauch und Kirschtomaten darin kurz dünsten. Mit Essig ablöschen. Die Bohnen untermischen.

3 Bohnenkraut waschen und trocken schütteln, die Blättchen abzupfen und hacken. Mit Senf und dem restlichen Olivenöl unter die Bohnen mischen. Den Salat mit Salz und Pfeffer abschmecken und einige Min. ziehen lassen.

Schwarzwälder Kirsch-Brownies

(FOTO SEITE 64/65)
ZUTATEN FÜR 12–16 STÜCK
200 g Zartbitter-Schokolade
150 g Butter
200 g Zucker
4 Eier
50 g Mehl
150 ml Kirschsaft
20–25 frische Kirschen
1 TL Speisestärke
4 EL Kirschwasser
2 Blatt Gelatine
250 g Sahne
Backpapier für das Backblech
Schokospäne zum Bestreuen

ZUBEREITUNG: 45 MIN. | BACKEN: 30 MIN.
BEI 16 STÜCK PRO STÜCK CA. 280 KCAL

1 Den Backofen auf 160° vorheizen. Schokolade, Butter und 150 g Zucker in eine Schüssel geben und über dem heißen Wasserbad unter Rühren schmelzen lassen. Die Schüssel vom Wasserbad nehmen, die Eier einzeln nach und nach unter die flüssige Schokomasse rühren. Dann das Mehl untermischen. Den Teig in ein tiefes mit Backpapier ausgelegtes Backblech (ca. 20 x 25 cm) verteilen. Im Backofen (Mitte, Umluft 140°) 30 Min. backen. Den Schokoboden herausnehmen und auf dem Backblech abkühlen lassen.

2 Den Kirschsaft mit 50 g Zucker aufkochen lassen. Die Kirschen waschen, dazugeben und darin 10 Min. ziehen lassen. Die Speisestärke mit 1 EL Kirschwasser glatt rühren. Den Kirschsud nochmals aufkochen lassen und mit der angerührten Stärke leicht binden. Die Kirschen im Saft abkühlen lassen.

3 Die Gelatine in kaltem Wasser ca. 5 Min. einweichen. Inzwischen die Sahne steif schlagen. 3 EL Kirschwasser erwärmen, die Gelatine darin auflösen und die Mischung kurz abkühlen lassen. Die Gelatine nach und nach unter die Schlagsahne heben und die Sahne kalt stellen.

4 Den Schokoboden in ca. 3 x 3 cm große Quadrate schneiden. Die Sahne in einen Spritzbeutel mit großer Sterntülle füllen. Jedes Quadrat mit Sahne bespritzen, bis sie aufgebraucht ist. Je 1 Kirsche daraufsetzen und die Brownies mit Schokospänen bestreuen.

Eingelegte schwarze Nüsse

(FOTO SEITE 66/67)

ZUTATEN FÜR 5 EINMACHGLÄSER (À CA. 250 ML INHALT)

1 kg grüne unreif geerntete Walnüsse
1 kg Zucker
6 Nelken
4 Sternanise
2 Vanilleschoten
1 Zimtstange
2 EL Nussschnaps

ZUBEREITUNG: 45 MIN.
EINLEGEN: 7 TAGE
ZIEHEN: ÜBER NACHT
PRO GLAS CA. 1410 KCAL

1 Die Walnüsse etwa Mitte Juni, wenn sie grün sind und sich noch keine harte Schale gebildet hat, ernten. Die Nüsse waschen und rundum mehrmals mit einer feinen Nadel einstechen. Dann in kaltes Wasser legen und etwa 7 Tage ruhen lassen, bis die Nüsse allmählich schwarz werden. Dabei das Wasser zweimal täglich wechseln.

2 Nach 7 Tagen die schwarzen Nüsse in reichlich kochendem Wasser 20–30 Min. garen, bis sie weich sind. Die Nüsse in ein Sieb abgießen und 30 Min. ausdampfen lassen.

3 Inzwischen 1 l Wasser mit 600 g Zucker aufkochen lassen. Nelken, Sternanise, Vanilleschoten, Zimtstange und die weichen Nüsse zufügen. Alles aufkochen lassen, dann den Topf vom Herd ziehen. Die Nüsse im Sud über Nacht durchziehen lassen.

4 Am nächsten Tag die Nüsse aus dem Gewürzsud nehmen und in saubere Einmachgläser füllen. 400 g Zucker zum Gewürzsud geben, aufkochen und abkühlen lassen. Den Sud über die Nüsse in den Einmachgläsern gießen. Den Nussschnaps leicht erwärmen, anzünden und auf den Nüssen verteilen. Die Gläser verschließen und an einem dunklen Ort aufbewahren. Nach etwa 1 Monat haben sie das optimale Aroma.

Kürbis-Kokos-Suppe

(FOTO SEITE 72/73)

ZUTATEN FÜR 4 PERSONEN

500 g Kürbis (z.B. Hokkaidokürbis)
2 Schalotten
20 g frischer Ingwer
1 kleine rote Chilischote
2–3 EL Olivenöl
1 EL Currypulver
½ l Gemüsebrühe
400 ml Kokosmilch (aus der Dose)
Salz | Pfeffer
Kokoschips (Fertigprodukt)
zerstoßene rosa Pfefferkörner zum Bestreuen
Koriandergrün zum Garnieren

ZUBEREITUNG: 45 MIN.
PRO PORTION CA. 135 KCAL

1 Den Kürbis entkernen und würfeln. Schalotten und Ingwer schälen, beides in dünne Scheiben schneiden. Die Chilischote halbieren, putzen, waschen und in Streifen schneiden.

2 Das Olivenöl in einem Topf erhitzen. Kürbis, Schalotten, Ingwer und Chili darin 2–3 Min. anschwitzen. Mit Currypulver bestäuben und 1 Min. mit anschwitzen. Mit Brühe und Kokosmilch aufgießen und alles bei mittlerer Hitze 25 Min. köcheln lassen.

3 Die Kürbis-Kokos-Suppe vom Herd nehmen, mit dem Pürierstab fein pürieren und mit Salz und Pfeffer abschmecken. Die Kokoschips in einer kleinen Pfanne ohne Fett goldbraun rösten. Die heiße Suppe in tiefe Teller oder Suppentassen füllen und mit Koriandergrün, rosa Pfefferkörnern und Kokoschips bestreuen.

Weintraubensalat mit Ziegenfrischkäse-Crostini

(FOTO SEITE 76/77)

ZUTATEN FÜR 4 PERSONEN

3 EL Honig
Saft und abgeriebene Schale von 1 Bio-Zitrone
4 EL Traubenkernöl
je 150 g weiße und blaue Weintrauben
30 g Walnusskerne
2 Stauden Radicchio di Treviso
1 Bund Rucola
1 Bund junger Rote-Bete-Salat
Salz | Pfeffer
8 Scheiben Baguette
100 g Ziegenfrischkäse
3–4 EL Schnittlauchröllchen

ZUBEREITUNG: 30 MIN.
PRO PORTION CA. 460 KCAL

1 Honig, Zitronensaft und -schale und Traubenkernöl in einer Schüssel verquirlen. Die Weintrauben waschen und je nach Größe halbieren. Mit den Walnusskernen zum Dressing geben.

2 Den Radicchio, Rucola und Rote-Bete-Salat putzen, waschen, trocken schleudern und locker unter das Dressing mischen. Den Salat mit Salz und Pfeffer würzen.

3 Die Baguettescheiben unter dem Backofengrill von beiden Seiten goldbraun rösten. Die Brotscheiben großzügig mit Ziegenfrischkäse bestreichen, mit den Schnittlauchröllchen bestreuen und zum Weintraubensalat servieren.

Hirschrücken im Nussmantel mit Orangen-Honig-Feigen und Rotkohl

(FOTO SEITE 80/81)

ZUTATEN FÜR 4 PERSONEN

6 Feigen
¼ l frisch gepresster Orangensaft
1 EL Honig
½ Rotkohl (ca. 400 g)
2 EL Aceto balsamico
2 EL Rapsöl
4 EL Walnussöl
Salz | Pfeffer
2 Eier
600 g Hirschrückenfilet (ohne Haut und Sehnen; ersatzweise Rehrücken)
Mehl zum Wenden
150 g fein gehackte gemischte Nüsse (z. B. Mandeln, Walnuss- und Haselnusskerne)
2 EL Butterschmalz

ZUBEREITUNG: 45 MIN. | ZIEHEN: ÜBER NACHT
PRO PORTION CA. 765 KCAL

1 Die Feigen schälen und in ein großes Einmachglas geben. Den Orangensaft mit dem Honig in einem Topf aufkochen lassen und heiß über die Feigen gießen. Das Glas verschließen, und die Feigen im Sud über Nacht durchziehen lassen.

2 Den Rotkohl putzen und den mittleren Strunk entfernen. Den Kohl in feine Streifen schneiden. Rotkohlstreifen mit Essig und den beiden Ölsorten vermischen. Mit Salz und Pfeffer abschmecken und ca. 15 Min. durchziehen lassen.

3 Den Backofen auf 150° (Umluft 130°) vorheizen. Die Eier verquirlen. Das Rehfleisch salzen und pfeffern. Das Fleisch erst in Mehl wenden, dann durch die verquirlten Eier ziehen und in den gehackten Nüssen wenden. Das Butterschmalz erhitzen, das Fleisch darin rundum 5 Min. anbraten. Dann im Backofen (Mitte) in 10–12 Min. fertig garen.

4 Den Orangen-Honig-Sud abgießen und auf ca. 100 ml einkochen lassen. Die Feigen halbieren. Das Fleisch in Stücke schneiden, mit Rotkohl und Feigenhälften anrichten. Den Orangen-Honig-Sirup über die Feigen und den Kohl träufeln.

Lauwarmer Gnocchisalat mit Tomaten-Pfifferling-Vinaigrette

(FOTO SEITE 84/85)
ZUBEREITUNG: 1 STD. 30 MIN.
PRO PORTION CA. 795 KCAL

ZUTATEN FÜR 4–6 PERSONEN

250 g mehligkochende Kartoffeln
300 g Ricotta
150 g Mehl
2 Eier
Salz | Pfeffer
frisch geriebene Muskatnuss
2 Knoblauchzehen
2 EL Rotweinessig
3 EL Aceto balsamico
1 TL Senf
Zucker
¼ l Olivenöl
200 g Tomaten (aus der Dose)
2 EL frisch gehackte Petersilie
2–3 EL Mineralwasser
4 Scheiben Speck
200 g Pfifferlinge
2 Zweige Thymian
1 Zweig Rosmarin
30 g Butter
50 g Parmesan (am Stück)
Backpapier

1 Die Kartoffeln waschen und mit Schale in einem Topf mit Wasser bedeckt in 25 Min. garen. Die Kartoffeln abgießen, pellen und noch warm zusammen mit dem Ricotta durch die Kartoffelpresse in eine Schüssel drücken. Mehl und Eier dazugeben und zu einem glatten Teig verkneten. Mit Salz, Pfeffer und Muskat würzen. Aus dem Teig ca. 2 cm große Kugeln formen und mit einer Gabel flach drücken.

2 Salzwasser aufkochen lassen. Die Gnocchi darin portionsweise bei schwacher Hitze in 6 Min. gar ziehen lassen. Sobald sie an die Oberfläche steigen, herausnehmen, kalt abschrecken und abtropfen lassen.

3 Den Knoblauch schälen und durch die Knoblauchpresse in eine Schüssel drücken. Mit Essig, Senf, etwas Zucker, Salz und Pfeffer verrühren. 200 ml Olivenöl mit dem Schneebesen unterschlagen. Die Tomaten abtropfen lassen und fein hacken. Mit Petersilie und Mineralwasser unter die Vinaigrette rühren.

4 Den Backofen auf 200° (Umluft 180°) vorheizen. Die Speckscheiben in eine große ofenfeste Pfanne legen, mit Backpapier bedecken und mit einem passenden ofenfesten Topf beschweren. Den Speck so im Backofen (Mitte) 10–15 Min. braten.

5 Inzwischen die Pfifferlinge sorgfältig putzen. 2 EL Olivenöl erhitzen, die Pfifferlinge darin kurz anbraten. Herausnehmen und unter die Vinaigrette mischen.

6 Das restliche Olivenöl in einer Pfanne erhitzen, die Gnocchi und die Kräuterzweige darin 4–5 Min. anbraten. Die Butter dazugeben und schmelzen lassen, dabei die Pfanne hin und her schwenken. Die Kräuter entfernen. Die Gnocchi mit der Vinaigrette anrichten. Den Parmesan fein darüberhobeln. Mit den Speckscheiben garnieren.

Semmel-Aprikosen-Knödel mit Pilzragout

(FOTO SEITE 86/87)

ZUTATEN FÜR 4 PERSONEN

1 Zwiebel
1 Knoblauchzehe
50 g durchwachsener Speck
200 g altbackene Brötchen
50 g getrocknete Aprikosen
20 g Butter | 200 ml Milch
2 Eier
500 g gemischte Pilze (z. B. Steinpilze, Pfifferlinge, Champignons)
3 Stängel glatte Petersilie
2 Schalotten
50 g Butterschmalz
75 ml Madeira
200 g Sahne
100 ml Hühner- oder Gemüsebrühe
Salz | Pfeffer
1 EL Speisestärke
Küchengarn

ZUBEREITUNG: 1 STD.
PRO PORTION CA. 660 KCAL

1 Zwiebel und Knoblauch schälen und fein würfeln. Den Speck ebenfalls in feine Würfel schneiden. Brötchen und Aprikosen klein würfeln.

2 Die Butter zerlassen, Zwiebel-, Knoblauch- und Speckwürfel darin anbraten, ohne Farbe annehmen zu lassen. Die Milch dazugießen und einmal aufkochen lassen. Die heiße Mischung über die Brötchenwürfel gießen. Die Eier und Aprikosenwürfel dazugeben und unterrühren.

3 Die Knödelmasse längs in der Mitte eines sauberen Tuches verteilen und mit Hilfe des Tuches zu einer Rolle (ca. 8 cm ø) fest einrollen. Das Tuch beidseitig mit Küchengarn zubinden. Die Rolle in siedendes Wasser geben und in ca. 30 Min. garen.

4 Inzwischen die Pilze putzen und je nach Größe halbieren oder vierteln. Die Petersilie waschen und trocken schütteln, die Blätter fein hacken. Die Schalotten schälen und fein würfeln. Das Butterschmalz erhitzen, die Schalotten darin glasig anschwitzen. Die Pilze zufügen und kurz mitbraten. Mit Madeira ablöschen, Sahne und Brühe dazugießen und alles etwas einkochen lassen. Das Pilzragout mit Salz und Pfeffer würzen. Die Speisestärke mit etwas kaltem Wasser glatt rühren und das Ragout damit leicht binden. Die Petersilie untermischen. Die Knödelrolle in 2–3 cm dicke Scheiben schneiden und mit dem Pilzragout servieren.

Apfeltarte

(FOTO SEITE 90/91)

ZUTATEN FÜR 4 PERSONEN

250 g TK-Blätterteig
2–3 EL Semmelbrösel
4 mittelgroße Äpfel (z. B. Elstar)
1 Vanilleschote
1 Ei (Größe L)
75 g Sahne
50 g Zucker
Butter für die Form
Puderzucker zum Bestäuben

ZUBEREITUNG: 45 MIN. BACKEN: 30 MIN.
PRO PORTION CA. 505 KCAL

1 Den Blätterteig auftauen lassen. Eine ofenfeste rechteckige Form (ca. 18 x 25 cm) mit Butter einfetten. Den Teig etwa 3 mm dick ausrollen, sodass er etwas größer als die Form ist. Den Teig in die Form legen und mehrmals mit einer Gabel einstechen. Die Semmelbrösel gleichmäßig auf dem Teig verteilen.

2 Den Backofen auf 200° vorheizen. Die Äpfel waschen, abtrocknen und jeweils das Kerngehäuse ausstechen. Die Äpfel halbieren und quer in dünne Scheiben schneiden oder auf dem Gemüsehobel hobeln. Den Teig dicht mit den Apfelscheiben belegen.

3 Die Vanilleschote längs aufschneiden und das Mark herauskratzen. Das Ei mit Sahne, Vanillemark und Zucker verquirlen. Den Eier-Sahne-Guss über die Apfelscheiben gießen. Im heißen Backofen (Mitte, Umluft 180°) etwa 30 Min. backen. Herausnehmen und mit Puderzucker bestäubt servieren.

Gefüllte Ziegenfrischkäse-Birnen mit Walnuss-Speck-Butter

(FOTO SEITE 94/95)

ZUTATEN FÜR 4 PERSONEN

3 reife Birnen
Saft von 1 Zitrone
150 g Ziegenfrischkäse
50 g Walnusskerne
50 g durchwachsener Speck
100 g Butter
2 EL gehackte Rosmarinnadeln
80 g gemischte herbstliche Blattsalate (z. B. Feldsalat, Rote-Bete-Salat, Spinatsalat)
2 EL Walnussöl
1 EL weißer Aceto balsamico

ZUBEREITUNG: 45 MIN.
KÜHLEN: 1 STD.
PRO PORTION CA. 570 KCAL

1 Die Birnen waschen, abtrocknen, halbieren und mit einem Kugelausstecher das Kerngehäuse großzügig entfernen. Die Birnenhälften mit Zitronensaft beträufeln.

2 Den Ziegenfrischkäse in die Hälften füllen und glatt streichen. die Birnenhälften etwa 1 Std. in den Kühlschrank stellen.

3 Inzwischen die Walnusskerne grob hacken. Den Speck in feine Streifen schneiden. Die Butter zerlassen, beides darin 1–2 Min. schwenken. Den Rosmarin untermischen.

4 Den Salat putzen, waschen und trocken schleudern. Walnussöl und Essig verrühren. Den Salat darin wenden und anrichten. Die gefüllten Birnenhälften mit einem Messer in Spalten schneiden, dabei das Messer in heißes Wasser tauchen. Die Birnenspalten auf dem Salat anrichten und die Walnuss-Speck-Butter darüberträufeln.

Weißweinbirnen mit Glühweineiscreme

(FOTO SEITE 96/97)

Pochierte Weißweinbirnen

ZUTATEN FÜR 4 PERSONEN

300 ml Weißwein
100 g Zucker
Saft von 1 Zitrone
4 reife Birnen
1 TL Speisestärke

ZUBEREITUNG: 40 MIN.
PRO PORTION CA. 190 KCAL

1 Weißwein, Zucker und Zitronensaft aufkochen lassen. Inzwischen die Birnen schälen, halbieren, entkernen und in Spalten schneiden. Die Birnenspalten in den Sud geben und bei kleiner Hitze 10 Min. köcheln lassen. Die Spalten herausnehmen.

2 Den Weinsud bei mittlerer Hitze auf die Hälfte einkochen lassen. Die Speisestärke mit etwas kaltem Wasser anrühren und unter den Sud rühren, den Sud aufkochen lassen. Die Birnenspalten wieder dazugeben.

Glühweineiscreme

ZUTATEN FÜR 4 PERSONEN

½ l Rotwein
200 ml roter Portwein
100 ml Cassissaft (Johannisbeersaft)
3 EL Glühweingewürz
120 g Zucker
150 g Butter
3 Eigelb
50 g geröstete Mandelblättchen

ZUBEREITUNG: 30 MIN. | GEFRIEREN: 8 STD.
PRO PORTION CA. 545 KCA

1 Den Rotwein, Portwein und Cassissaft mit Glühweingewürz und Zucker aufkochen, dann bei mittlerer Hitze auf die Hälfte einkochen lassen.

2 Die Butter in kleine Würfel schneiden und mit den Eigelben in eine Schüssel geben. Den eingekochten Rotwein durch ein Sieb dazugießen und alles gründlich mixen.

3 Die Mischung in der Eismaschine in 30–40 Min. gefrieren lassen. Oder die Mischung in eine Metallschüssel geben und ca. 8 Std. ins Gefrierfach stellen, dabei die Masse zwischendurch immer wieder durchrühren. Die Glühweineiscreme zusammen mit den Weißweinbirnen anrichten und mit gerösteten Mandelblättchen bestreuen.

Dreierlei von der Zwetschge

(FOTO SEITE 100/101)

Zwetschgen-Buttermilcheis

ZUTATEN FÜR 4 PERSONEN | PRO PORTION CA. 245 KCAL

100 g entsteinte Zwetschgen mit 50 g Zucker und 2 EL rotem Portwein zugedeckt in 10 Min. weich kochen. Das Ganze fein pürieren und abkühlen lassen. 2 Eigelb mit 60 g Zucker schaumig rühren. 100 g Buttermilch sowie das Zwetschgenpüree hinzufügen und unterrühren. Mit ½ TL Zimtpulver würzen und 100 g steif geschlagene Sahne unterziehen. Die Mischung in der Eismaschine in 30–40 Min. gefrieren lassen, bis sie fest und cremig ist. Oder die Mischung in eine Metallschüssel geben und 6–8 Std. ins Gefrierfach stellen, dabei die Masse zwischendurch immer wieder durchrühren.

Kartoffeltaschen mit Zwetschgenmus

ZUTATEN FÜR 4 PERSONEN | PRO PORTION CA. 345 KCAL
100 g mehligkochende Kartoffeln garen. Dann abgießen, pellen und durch eine Kartoffelpresse drücken. Mit 1 Eigelb, 50 g Kartoffelstärke, 25 g weicher Butter und 1 Prise Salz zu einem glatten Teig verkneten. Den Teig ca. 3 mm dick ausrollen, Kreise ausstechen und darauf je 1 TL Zwetschgenmus geben. Den Rand der Kreise mit etwas verquirltem Eigelb bepinseln und die Kreise halbmondförmig zu Taschen zusammenklappen. Die Taschen in leicht siedendem Salzwasser in ca. 10 Min. garen. 75 g Butter in einer Pfanne aufschäumen lassen. 3–4 EL Semmelbrösel und 1 TL Zimtpulver unterrühren. Die Taschen herausnehmen, abtropfen lassen und in der Butter-Brösel-Schmelze wälzen.

Zwetschgenragout

ZUTATEN FÜR 4 PERSONEN | PRO PORTION CA. 140 KCAL
350 g Zwetschgen waschen, entsteinen und vierteln. 100 g Zucker hellbraun karamellisieren lassen. Die Zwetschgen, 2 Zimtstangen und ½ TL Nelkenpulver dazugeben. Alles verrühren und langsam bei schwacher Hitze in ca. 15 Min. einkochen lassen. Eventuell 1 TL Speisestärke in kaltem Wasser anrühren und zum Binden unter das Ragout rühren. Das Ragout kurz aufkochen lassen.

Zum Servieren das Zwetschgen-Buttermilcheis, die Kartoffeltaschen mit Zwetschgenmus und das Zwetschgenragout auf Desserttellern anrichten.

Fruchtgelees

(FOTO SEITE 104 /105)

Quittengelee

ZUTATEN FÜR 4 GLÄSER (À 250 ML INHALT)
2 kg Quitten
Saft von 1 Zitrone
Saft von 2 Orangen
3 Kardamomkapseln
1 Zimtstange
1 kg Gelierzucker 1:1

ZUBEREITUNG: 1 STD.
ABTROPFEN: 12 STD.
PRO GLAS CA. 735 KCAL

1 Die Quitten mit einem Tuch abreiben. Blüten- und Stielansätze entfernen. Die Quitten mit Schale und Kerngehäuse vierteln, die Viertel quer durchschneiden. Die Quittenstücke mit Zitronensaft und ca. 1 ¼ l Wasser in einen Topf geben und zugedeckt bei mittlerer Hitze in ca. 45 Min. weich kochen.

2 Ein Sieb mit einem sauberen Tuch auslegen und über einen Topf hängen. Die Quitten hineingeben und den Saft in ca. 12 Std. (am besten über Nacht) abtropfen lassen. Am nächsten Tag das Tuch zusammendrücken und den restlichen Saft auspressen.

3 Quittensaft mit Orangensaft auf 1 l auffüllen. Mit Gewürzen und Gelierzucker in einem Topf unter Rühren aufkochen, dann unter Rühren 4 Min. sprudelnd kochen lassen. Die Gelierprobe machen. Die Gewürze entfernen und das Gelee in heiß ausgespülte Gläser füllen. Die Gläser verschließen.

Holunderbeerengelee

ZUTATEN FÜR 4 GLÄSER (À 250 ML INHALT)
1 kg vollreife Holunderbeeren
500 g Gelierzucker 2:1
Saft von 1 Zitrone
2 EL Orangenlikör

ZUBEREITUNG: 30 MIN.
PRO GLAS CA. 645 KCAL

1 Die Holunderbeeren waschen, gut trocken tupfen und von den Stielen streifen. Mit Gelierzucker, Zitronensaft und Orangenlikör in einem Topf unter Rühren aufkochen, dann unter Rühren 4 Min. sprudelnd kochen lassen. Die Gelierprobe machen. Das Gelee noch heiß in ein feines Sieb abgießen und in heiß ausgespülte Gläser füllen. Die Gläser verschließen.

Flammkuchen mit Wurzelgemüse

(FOTO SEITE 112 /113)

ZUTATEN FÜR 4 FLAMMKUCHEN
15 g frische Hefe
250 g Mehl
1 Prise Salz
3 junge Möhren
2 Petersilienwurzeln
1 Stange Lauch
1–2 rote Zwiebeln
250 g Crème fraîche
3 EL Meerrettich (aus dem Glas)
Meersalz | Pfeffer aus der Mühle
Butter für das Backblech
Mehl für die Arbeitsfläche
2–3 EL Olivenöl zum Beträufeln

ZUBEREITUNG: 30 MIN. | RUHEN: 30 MIN. | BACKEN: 15 MIN.
PRO FALMMKUCHEN CA. 595 KCAL

1 Die Hefe in 1/8 l lauwarmes Wasser bröckeln und darin auflösen. Die Hefemischung mit Mehl und Salz zu einem glatten Teig verkneten. Den Teig zugedeckt an einem warmen Ort etwa 30 Min. gehen lassen.

2 Inzwischen das Gemüse waschen, putzen, wenn nötig, schälen. Die Zwiebeln schälen. Gemüse und Zwiebeln in dünne längliche Streifen schneiden oder auf dem Gemüsehobel hobeln. Die Crème fraîche mit dem Meerrettich verrühren.

3 Den Backofen auf 250° (Umluft 230°) vorheizen. Das Backblech einfetten. Den Teig vierteln und jedes Viertel auf einer bemehlten Arbeitsfläche zu einem sehr dünnen länglichen Teigfladen ausrollen. Die Teigfladen auf das Blech legen und mit der Crème-fraîche-Mischung gleichmäßig bestreichen, die Gemüsestreifen darauf verteilen. Kräftig mit Meersalz und Pfeffer würzen und mit Olivenöl beträufeln. Im heißen Backofen (Mitte) in 12–15 Min. knusprig backen.

Spanferkel-Krustenbraten mit Dörrobstfüllung und Selleriepüree

(FOTO SEITE 114/115)
ZUTATEN FÜR 8 PERSONEN
FÜR DEN BRATEN

200 g gemischtes Trockenobst
150 ml Apfelsaft
50 g Butter
50 g Puderzucker
1 Zweig Thymian
2 kg Spanferkelrücken und -bauch
(am Stück; vom Metzger vorbereiten lassen)
Salz | Pfeffer | gemahlener Kümmel
2 Zwiebeln
2 Möhren
1 Stange Lauch
¼ Knollensellerie
2–3 EL Sonnenblumen- oder Rapsöl
Küchengarn

FÜR DAS SELLERIEPÜREE

500 g Knollensellerie
250 g Sahne
50 g Butter
Salz | Pfeffer
etwas kalte Butter

ZUBEREITUNG: 1 STD. | GAREN: 2 STD. 30 MIN.
PRO PORTION CA. 1070 KCAL

1 Das Trockenobst klein würfeln. Apfelsaft, Butter und Puderzucker sirupartig einkochen lassen. Das Trockenobst dazugeben und darin glasieren, dann abkühlen lassen.

2 Backofen auf 220° vorheizen. Thymian waschen und trocken schütteln, die Blätter fein hacken. Spanferkelrücken und -bauch ausbreiten, mit Salz, Pfeffer, Kümmel und Thymian würzen. Die Trockenobstmischung darauf verteilen. Das Fleisch aufrollen, mit Küchengarn fest umwickeln, rundum trocken tupfen und kräftig salzen und pfeffern.

3 Die Zwiebeln schälen. Das Gemüse waschen, putzen, eventuell schälen und alles grob klein schneiden. Das Öl in einem Bräter erhitzen, Zwiebeln und Gemüse darin kurz anbraten. Etwa 400 ml Wasser angießen, den Spanferkelrücken daraufsetzen und im heißen Backofen (Mitte, Umluft 200°) ca. 30 Min. garen. Dann die Hitze auf 200° (Umluft 180°) reduzieren und das Fleisch in weiteren 2 Std. fertig garen. Dabei öfters mit dem Bratensaft übergießen.

4 Inzwischen für das Püree den Sellerie schälen und würfeln. Mit Sahne in einen Topf geben und zugedeckt in 20 Min. weich kochen. Den Sellerie in ein Sieb abgießen, dabei die Sahne auffangen und auf die Hälfte einkochen lassen. Dann mit Butter und Sellerie im Mixer fein pürieren. Mit Salz und Pfeffer abschmecken.

5 Spanferkel aus dem Bratensaft nehmen und warm stellen. Den Bratensaft einkochen lassen, dann in ein Sieb abgießen, zum Binden etwas kalte Butter zugeben und diese mit dem Pürierstab untermixen. Den Spanferkelbraten in ca. 1 cm dicke Scheiben schneiden und mit Selleriepüree servieren.

Knusprige Poularde aus dem Ofen

(FOTO SEITE 116/117)
ZUTATEN FÜR 4 PERSONEN

1 Poularde (ca. 1,5 kg)
1–2 EL neutrales Pflanzenöl
Salz
¼ l Hühnerbrühe
3 kleine Zwiebeln
4 junge Möhren
1 Stange Lauch
4 Petersilienwurzeln
4 Stangen Staudensellerie
1 TL Senf
1 EL frisch gehackter Thymian
1 EL frisch gehackter Oregano
1 EL Honig

ZUBEREITUNG: 45 MIN.
GAREN: 2 STD.
PRO PORTION CA. 1025 KCAL

1 Den Backofen auf 200° vorheizen. Die Poularde innen und außen waschen, trocken tupfen, mit Pflanzenöl einpinseln und kräftig mit Salz würzen. Die Poularde in ein tiefes Backblech oder einen gusseisernen Schmortopf setzen und die Brühe dazugießen. Die Poularde im heißen Backofen (Mitte, Umluft 180°) in etwa 1 Std. garen, dabei gelegentlich mit dem Bratensaft bepinseln.

2 Inzwischen die Zwiebeln schälen, das Gemüse waschen und putzen, eventuell schälen. Alles in grobe Stücke schneiden. Den Senf mit Kräutern und Honig verrühren. Die Poularde aus dem Blech oder Schmortopf nehmen. Zwiebeln und Gemüse zufügen, die Poularde daraufsetzen und im Backofen in 1 weiteren Std. fertig garen. Dabei die Poularde regelmäßig mit der Senf-Honig-Mischung bestreichen.

Crostini

(FOTO SEITE 120/121)

Crostini mit getrüffeltem Rührei

ZUTATEN FÜR 12 STÜCK | PRO STÜCK CA. 140 KCAL

3 Eier mit 50 g Sahne und 3 EL Trüffelöl verquirlen. Mit Salz und Pfeffer würzen. 12 Scheiben Baguette unter dem vorgeheizten Backofengrill von beiden Seiten goldbraun rösten. 50 g Butter in einer beschichteten Pfanne bei mittlerer Hitze schmelzen lassen. Die Eier dazugeben und unter Rühren stocken lassen. Sie sollten noch eine cremige Konsistenz haben. Auf den Crostini verteilen. 1 kleinen weißen Trüffel darüberhobeln.

Crostini mit Tomate und Basilikum

ZUTATEN FÜR 12 STÜCK | PRO STÜCK CA. 100 KCAL

1 Schalotte und 2 Knoblauchzehen schälen, beides fein würfeln. 16 Kirschtomaten waschen und vierteln. 2 EL Olivenöl erhitzen, Schalotte und Knoblauch darin glasig anschwitzen. Tomatenviertel dazugeben und kurz mitdünsten. Mit Salz und Pfeffer würzen. 12 Scheiben Baguette unter dem vorgeheizten Backofengrill von beiden Seiten goldbraun rösten. 2 Stängel Basilikum waschen und trocken schütteln. Die Blätter in feine Streifen schneiden und unter das Tomatenragout mischen. Das Ragout auf den Crostini verteilen. 4 EL Olivenöl mit 1 EL altem Aceto balsamico verrühren und darüberträufeln.

Crostini mit Gänseleber

ZUTATEN FÜR 12 STÜCK | PRO STÜCK CA. 60 KCAL

150 g rohe Gänsestopfleber von Haut und Sehnen befreien und 2 Std. ins Gefrierfach legen. Aus 4 Scheiben Graubrot 12 runde Taler ausstechen und unter dem vorgeheizten Backofengrill von beiden Seiten goldbraun rösten. Die angefrorene Gänseleber auf dem Gemüsehobel in feine Späne über die warmen Taler hobeln. Mit Meersalz und frisch gemahlenem Pfeffer würzen.

Crostini mit Kaninchenleber

ZUTATEN FÜR 12 STÜCK | PRO STÜCK CA. 120 KCAL

1 Schalotte und 2 Knoblauchzehen schälen, beides fein würfeln. 3 Kaninchenlebern fein hacken. 2 EL Olivenöl erhitzen, Schalotte und Knoblauch darin glasig anschwitzen. Die Lebern dazugeben und kurz mitbraten. 100 ml Kalbsfond (aus dem Glas) und 3 – 4 EL alten Aceto balsamico dazugeben und bei mittlerer Hitze fast vollständig einkochen lassen. 12 Scheiben Baguette unter dem vorgeheizten Backofengrill von beiden Seiten goldbraun rösten. Die Pfanne vom Herd nehmen. 50 g Butter und je 1 EL gehackten Majoran und Salbei unterrühren. Mit Salz und Pfeffer abschmecken. Kaninchenlebern auf den Crostini verteilen. Mit je 1 frittierten Salbeiblatt garnieren.

Crostini mit Taleggio

ZUTATEN FÜR 12 STÜCK | PRO STÜCK CA. 110 KCAL

12 Scheiben Baguette unter dem vorgeheizten Backofengrill von beiden Seiten goldbraun rösten. 3 Feigen waschen, trocken tupfen, in 12 Scheiben schneiden und je 1 Scheibe auf die Crostini legen. 200 g Taleggio in 12 Stücke schneiden und jeweils 1 Stück auf die Feigen legen. Crostini unter dem vorgeheizten Backofengrill gratinieren, bis der Käse zu schmelzen beginnt. Dann herausnehmen und 60 g Feigensenf in Klecksen obendrauf geben.

Crostini mit Avocadocreme und Chorizo

ZUTATEN FÜR 12 STÜCK | PRO STÜCK CA. 165 KCAL

1 reife Avocado halbieren, den Kern entfernen, das Fruchtfleisch aus der Schale lösen und fein hacken. 3 EL Olivenöl, den Saft von 1 Zitrone, 1 EL gehacktes Koriandergrün, 2 EL Tomatenwürfel dazugeben und untermischen. Mit Salz und Pfeffer abschmecken. 12 Scheiben Baguette unter dem vorgeheizten Backofengrill von beiden Seiten goldbraun rösten. Die Avocadocreme auf die Crostini geben. Jeweils 1 Scheibe Chorizowurst auf die Avocadocreme legen.

Cremespinat mit Spiegelei und weißem Trüffel

(FOTO SEITE 122/123)

ZUTATEN FÜR 4 PERSONEN

2 Schalotten
1 Knoblauchzehe
80 g Butter
1 EL Mehl
50 ml Weißwein
150 ml Hühnerbrühe
150 g Sahne
Salz | Pfeffer
frisch geriebene Muskatnuss
500 g Blattspinat
4 Eier
1 EL Butterschmalz
2 – 3 EL Trüffelöl
1 weißer Trüffel (ca. 80 g)

ZUBEREITUNG: 45 MIN.
PRO PORTION CA. 490 KCAL

1 Schalotten und Knoblauch schälen und fein würfeln. 40 g Butter zerlassen, beides darin glasig anschwitzen. Mit Mehl bestäuben und ca. ½ Min. anschwitzen. Dann mit Weißwein ablöschen, Brühe und Sahne dazugießen. Die Sauce bei schwacher Hitze ca. 10 Min. köcheln lassen, dann mit Salz, Pfeffer und Muskat würzen.

2 Den Spinat waschen und putzen, in kochendem Wasser kurz blanchieren, herausnehmen und in Eiswasser abschrecken. Spinat gut ausdrücken und grob hacken. Zusammen mit der heißen Sahnesauce und 40 g Butter im Mixer fein pürieren. Cremespinat nochmals abschmecken und warm halten.

3 Die Eier aufschlagen. Das Butterschmalz in einer großen beschichteten Pfanne erhitzen, die Eier zugeben und bei schwacher Hitze zu Spiegeleiern braten, salzen und pfeffern und auf dem Cremespinat anrichten. Das Trüffelöl über Cremespinat und Spiegeleier träufeln. Den weißen Trüffel großzügig darüberhobeln.

Salat von Treviso und Mandarinen mit Oktopus und Jakobsmuscheln

(FOTO SEITE 126 /127)

ZUTATEN FÜR 4 PERSONEN

1 Zwiebel
2 Knoblauchzehen
ca. 8 EL Olivenöl
100 ml Weißwein
2 Lorbeerblätter
1 EL zerstoßener schwarzer Pfeffer
1 EL Fenchelsamen
1 kleiner Oktopus (ca. 500 g)
2 Stauden Radicchio di Treviso
1 Bund roter Sauerampfer (oder Rote-Bete-Salat)
6 Mandarinen (davon 2 Bio-Mandarinen)
Saft von 1 Limone
Salz | Pfeffer
8 Jakobsmuscheln (küchenfertig)

ZUBEREITUNG: 45 MIN.
GAREN: 1 STD. 30 MIN.
PRO PORTION CA. 365 KCAL

1 Zwiebel und Knoblauch schälen und würfeln. 1 EL Olivenöl erhitzen, beides darin glasig anschwitzen. Mit Wein ablöschen und ½ l Wasser dazugießen. Lorbeerblätter, zerstoßener Pfeffer und Fenchelsamen zufügen, alles bei kleiner Hitze köcheln lassen. Den Oktopus waschen und im Sud ca. 1 Std. 30 Min. garen, dann herausheben, etwas abkühlen lassen und in Stücke schneiden.

2 Radicchio und roten Sauerampfer putzen, waschen und trocken schleudern. 4 Mandarinen schälen, in Scheiben schneiden und diese halbieren. Die Bio-Mandarinen heiß waschen und abtrocknen. Die Schale fein abreiben und den Saft auspressen. Schale und Saft mit Limonensaft und 5 EL Olivenöl verquirlen. Das Dressing mit Salz und Pfeffer würzen, mit Salat und Mandarinen in einer Schüssel mischen.

3 Die Jakobsmuscheln waschen und trocken tupfen. Das übrige Olivenöl erhitzen, die Jacobsmuscheln darin auf beiden Seiten etwa 1 Min. braten. Die Oktopusstücke zufügen und kurz mitbraten. Mit Salz und Pfeffer würzen. Jakobsmuscheln und Oktopus auf dem Salat verteilen.

Blumenkohl-Kartoffel-Blini mit Kaviar

(FOTO SEITE 130/131)

ZUTATEN FÜR 4 PERSONEN

250 g Blumenkohl | Salz
150 g mehligkochende Kartoffeln
2 Eier
10 g frische Hefe
100 g Mehl
Pfeffer
frisch geriebene Muskatnuss
2–3 EL neutrales Pflanzenöl zum Braten
150 g Crème fraîche
ca. 75 g Sevruga- oder Beluga-Kaviar
Kerbelblätter zum Garnieren

ZUBEREITUNG: 45 MIN.
RUHEN: 30 MIN.
PRO PORTION CA. 415 KCAL

1 Blumenkohl waschen, putzen und in einzelne Rösschen teilen. Die Röschen in kochendem Salzwasser in 20 Min. weich garen. Die Kartoffeln waschen und mit Schale in 25 Min. weich kochen.

2 Den Blumenkohl herausnehmen, abtropfen lassen und im Mixer oder mit dem Pürierstab fein pürieren. Die Kartoffeln pellen und mit einer Gabel zerdrücken. Die Eier trennen. Die Eigelbe mit zerdrückten Kartoffeln und Blumenkohlpüree verrühren. Die Hefe in 75 ml lauwarmes Wasser bröckeln und darin auflösen. Mit dem Mehl unter die Blumenkohlmischung rühren. Die Eiweiße mit 1 Prise Salz steif schlagen und den Eischnee behutsam unter den Teig heben. Die Masse mit Salz, Pfeffer und Muskat würzen und zugedeckt 30 Min. gehen lassen.

3 Das Öl in einer beschichteten Pfanne erhitzen. Darin aus dem Teig kleine Blini bei mittlerer Hitze von beiden Seiten backen, bis sie goldbraun sind. Die noch lauwarmen Blini mit je 1 EL Crème fraîche und Kaviar anrichten. Nach Belieben mit Kerbel garniert servieren.

Gefüllte Muschelnudeln mit Weißweinsauce

(FOTO SEITE 134 /135)

ZUTATEN FÜR 4 PERSONEN

2 Zwiebeln | 2 Knoblauchzehen
4 EL Olivenöl
1,5 kg Muscheln, gesäubert
½ l Weißwein | 2 Möhren
1 Stange Lauch
200 g große Muschelnudeln
150 g Sahne
Salz | Pfeffer
Saft von 1 Zitrone | 50 g kalte Butter
25 g Parmesan (am Stück)

ZUBEREITUNG: 1 STD.
PRO PORTION CA. 580 KCAL

1 Zwiebeln und Knoblauch schälen, beides fein würfeln. 2 EL Olivenöl erhitzen, Zwiebeln und Knoblauch darin glasig anschwitzen. Die gesäuberten Muscheln zufügen und mit anschwitzen. Mit ¼ l Weißwein ablöschen und die Muscheln zugedeckt in 5 Min. garen. Anschließend die Muscheln abgießen, dabei den Sud auffangen. Geschlossene Muscheln aussortieren und wegwerfen.

2 Das Muschelfleisch aus den Schalen lösen. Möhren und Lauch waschen, putzen und in kleine Würfel schneiden. Die Muschelnudeln in reichlich kochendem Salzwasser nach Packungsangabe bissfest garen. Dann in ein Sieb abgießen.

3 Das restliche Olivenöl erhitzen, Möhren- und Lauchwürfel darin ca. 1 Min. anschwitzen. Mit dem restlichen Weißwein ablöschen, aufgefangenen Muschelsud und die Sahne zufügen. Alles bei mittlerer Hitze auf die Hälfte einkochen lassen. Die Sauce mit Salz, Pfeffer und Zitronensaft abschmecken. Die Butter in Flöckchen unterrühren. Die ausgelösten Muscheln unter die Sauce mischen. Das Ragout in die abgetropften Muschelnudeln füllen. Die gefüllten Muschelnudeln auf einer Platte anrichten und den Parmesan darüberhobeln.

Wildschwein-Bratwurst mit Maronen

(FOTO SEITE 138 /139)

ZUTATEN FÜR 4–6 PERSONEN

400 g Wildschweinfleisch (aus dem Bauch oder der Keule)
150 g Speck zum Spicken
50 g getrocknete Cranberrys
200 g geschälte Maronen
je 1 TL getrockneter Majoran und Thymian
1–2 TL Honig
2 Eier
Salz | Pfeffer
gemahlener Piment
ca. 100 g Bratwurstdarm vom Schwein (beim Metzger vorbestellen)
Küchengarn
ca. 50 g Butterschmalz zum Braten

ZUBEREITUNG: 1 STD.
PRO PORTION CA. 420 KCAL

1 Wildschweinefleisch und Speck würfeln und beides durch die grobe Scheibe des Fleischwolfs drehen. Cranberrys und Maronen fein würfeln und unter das Fleisch mischen. Majoran und Thymian fein zerreiben. Mit Honig und Eiern zum Fleisch geben und alles kräftig kneten. Die Masse mit Salz, Pfeffer und Piment würzen und in einen Spritzbeutel mit großer Lochtülle füllen.

2 Den Bratwurstdarm ca. 5 Min. in warmes Wasser legen, dann herausnehmen und einen Teil über die Lochtülle stülpen. Die Bratwurstmasse mit festem Druck in den Darm drücken, dabei ca. 8 cm lange Würste abdrehen und abschneiden. Die Würste an beiden Enden mit Küchengarn zubinden. Das Butterschmalz erhitzen, die Bratwürste darin rundum goldbraun braten.

Gewürzorangen

(FOTO SEITE 142 /143)

ZUTATEN FÜR 4 PERSONEN

2 Zitronen
1 Vanilleschote
1 kleine rote Chilischote
300 g Zucker
3 Sternanise
4 angedrückte Kardamomkapseln
1 Zimtstange
4 EL Grenadinesirup
6 saftige Orangen
Schokoladeneis (nach Belieben)

ZUBEREITUNG: 30 MIN.
ZIEHEN: ÜBER NACHT
PRO PORTION CA. 400 KCAL

1 Den Saft der Zitronen auspressen. Die Vanilleschote längs aufschneiden. Die Chilischote halbieren, putzen und waschen. 400 ml Wasser mit Zucker, Zitronensaft, Vanilleschote, Sternanise, Kardamom, Zimtstange und Chili aufkochen lassen. Den Grenadinesirup unterrühren.

2 Die Orangen mit einem Messer so schälen, dass das Weiße mit entfernt wird. Die Orangen in den heißen Gewürzsud legen, mit einem kleinen Teller beschweren, damit sie vollständig im Sud sind und nicht an die Oberfläche steigen. Die Früchte im Sud über Nacht (oder mehrere Tage) im Kühlschrank durchziehen lassen.

3 Die Gewürzorangen aus dem Sud nehmen, in dünne Scheiben schneiden und diese auf Dessertteller legen. Nach Belieben mit Schokoladeneis servieren.

Impressum

Der Fotograf
Michael Wissing
Der Fotodesigner (BFF), Fotograf und ausgebildete Schriftsetzer arbeitet nach Stationen bei renommierten Fotografen seit 1983 selbstständig als Still-Life-Fotograf. 1997 wurde er in die »Deutsche Gesellschaft für Fotografie« berufen. In seinem Studio im Schwarzwald entstehen anspruchsvolle Fotostrecken für bekannte internationale Magazine, Agenturen, Firmen und Verlage. Er fotografierte bereits zahlreiche Bücher, insbesondere Kochbücher, und erhielt viele internationale Preise und Auszeichnungen. Unter anderem nationale und internationale Kalender Awards, ADC Auszeichnung Deutschland, Schweiz, USA, Japan für verschiedene Kampagnen und mehrere Buchpreise im Still-Life Bereich.

Der Rezeptautor
Andreas Neubauer
Der gelernte Küchenmeister und Kochbuchautor sammelte in sternedekorierten Restaurants Erfahrungen, u. a. im »Le Val d'Or« auf der Stromburg. Seit vielen Jahren arbeitet er eng mit Starkoch Johann Lafer zusammen. Mit einem unerschöpflichen Vorrat an Ideen kreiert er beeindruckende Köstlichkeiten, die sich leicht und mühelos zubereiten lassen und dabei ausgezeichnet schmecken. Seine kulinarischen Kreationen setzt er auch als Foodstylist ins rechte Licht.

Vielen Dank!
Besonderer Dank gilt meinem Studioleiter Joss Andres, vielen mir hilfsbereiten Lebensmittelhändlern, Reto Mathies, Douce Steiner, Tanja Grandits – und allen anderen, die mich bei der Produktion des Buches unterstützt haben.

Michael Wissing

Redaktion: Birgit Rademacker

Texte Kapitelaufmacher: Katja Jührend

Lektorat und Rezeptttexte: Maryna Zimdars

Korrektorat: Mischa Gallé

Gestaltung: independent Medien-Design, München

Herstellung: Petra Roth

Satz: Lydia Geißler

Reproduktion: Longo AG, Bozen

Druck: Firmengruppe APPL, aprinta druck, Wemding

Bindung: Firmengruppe APPL, m.appl GmbH, Wemding

Syndication:
www.jalag-syndication.de

ISBN 978-3-8338-3873-6

GRÄFE UND UNZER Verlag
Leserservice
Postfach 86 03 13
81630 München
E-Mail:
leserservice@graefe-und-unzer.de

Telefon: 0800 – 723 73 33*
Telefax: 0800 – 501 20 54*
Mo–Do: 8.00–18.00 Uhr
Fr: 8.00–16.00 Uhr
(gebührenfrei in Deutschland)*

Ihr GRÄFE UND UNZER Verlag
Der erste Ratgeberverlag – seit 1722.

GRÄFE UND UNZER

Ein Unternehmen der
GANSKE VERLAGSGRUPPE